To Ara

Davii Sánchez

2013.9.5

Tayfun Tasdemir
Turkey

To Ara,
Therese
Klompenhouwer
05.09.2013

Ngô Đình Nại

TO ARA
VERY GOOD JOB!

TO ARA
Best regards
Mario Jonetti

FREDERIC CAUDRON

TO ARA

TO ARA
2013.09.05

Sasaki 2013.09.05
佐々木浩

TO→あら

아라의 당구홀릭 4

아라의 당구홀릭 4

ⓒ 이리 & 플, 2010

1판 1쇄 발행_ 2016년 07월 10일
1판 3쇄 발행_ 2021년 06월 30일

지은이_ 아라 & 폴
펴낸이_ 홍정표

펴낸곳_ 글로벌콘텐츠
 등록_ 제 25100-2008-24호

공급처_ (주)글로벌콘텐츠출판그룹
 대표_ 홍정표 **이사**_ 김미미 **편집**_ 하선연 권군오 최한나 **기획·마케팅**_ 홍혜진 이종훈
 주소_ 서울특별시 강동구 풍성로 87-6 **전화**_ 02-488-3280 **팩스**_ 02-488-3281
 홈페이지_ www.gcbook.co.kr

값 14,000원
ISBN 979-11-5852-100-4 13690

·이 책은 본사와 저자의 허락 없이는 내용의 일부 또는 전체를 무단 전재나 복제, 광전자 매체 수록 등을 금합니다.
·잘못된 책은 구입처에서 바꾸어 드립니다.

뒤돌리기 완전공략기!!

아라 & 폴 지음

추천의 글

"미치려면 미쳐라"는 말이 있다.

우리말 '미치다'는 두 가지 의미가 있는데 그 하나는 '어느 경지에 이르다 (이를 도 到)'와 또 다른 하나는 '정신이 미쳤다(미칠 광 狂)'가 있다.

요즘 "당신(撞神) = 당구의 神(신)"이라는 말이 유행이다. 당신이 "당신(撞神)"의 경지에 이르려거든 당구에 미쳐라. 물론 이 책을 손에 든 당신은 이미 어느 정도는 "당신(撞神)"의 경지를 향하여 첫 발을 내디딘 셈이고 당구에는 이미 어느 정도 미쳐 있는 사람일 것이다.

나는 다른 사람들보다 비교적 늦은 대학교 3학년 여름방학 때(20대 후반) 4구 100점짜리 친구에게 처음으로 당구를 배우기 시작했다. 얼마나 열심히 쳤는지 여름방학 끝 무렵에는 그 친구와 100점을 맞놓고 치는 실력이 되었다. 지금 생각해도 그 당시 나에게 당구는 첫사랑과의 첫경험(?)보다 더 짜릿하고 재미가 있었던 것 같다. 아마 이 부분은 공감하는 분들도 많으리라. 그런데 이렇게 대충 친구한테 배우기 시작한 당구 습관이 훗날 교정하는 데 얼마나 힘든 일이 될줄은 당시에는 알 수 없었다.

지금의 기성세대들 대부분은 친구나 선배 등에게 당구를 처음 배웠다. 그래서 당구의 기본 자세, 원리, 매너 등을 모르거나 잘못된 습관으로 이미 굳어져 있다. 나 역시 잘못된 것들을 다시 고치기 위해 생활체육협회 당구아카데미에 가서 교육 받고, 생활체육지도자 3급 당구 자격증을 취득하고, 프로선수들에게 레슨 받고, 좋은 책을 사 보기도 하는 등 엄청난 노력을 해야만

했다. 그럼에도 불구하고 초기에 잘못 길들여진 악습은 아직도 나를 붙들고 얽매고 있다. 오늘도 내일도 노력할 뿐 정말 어렵다. 결론적으로 당구를 시작하는 모든 초보자는 반드시 좋은 스승에게서 전문 레슨을 받거나 좋은 책을 사서 보고 기초부터 충실히 배워 나가기를 권하는 바이다.

이러한 내게 가장 많은 도움을 준 책은 바로 요즘 나의 "당구의 경전 = 당전(撞典)"이 된 『아라의 당구홀릭』이다. 2013년 1권과 2014년 2권은 이미 내게 훌륭한 "당전(撞典)"으로서 손색이 없다. 당구를 안 친 지 20년 만인 5년 전 상봉동 구슬모아 당구클럽에서 3구 핸디 14점으로 다시 당구를 시작했다. 기초부터 다시 시작한 지 5년 만에 나는 현재 핸디 22점이 되었고 클럽 동호인 대회에서 준우승이라는 작은 영광도 차지했다. 그리고 금년 2016년에 나의 "당전(撞典)"이 될 『아라의 당구홀릭』 4권이 출판되었다. 4권은 1, 2, 3권을 통하여 익힌 당구의 기초 기술을 바탕으로 3쿠션에서 가장 기본적인 두께 조절, 회전, 키스 피하기 등 꼭 필요한 내용을 다루고 있다.

초보자에게는 기본원리를 중급자에게는 심도 있는 테크닉을 고급자에게도 또 다른 깨달음을 주리라고 확신하는 바이다. 당구에 해박한 이론과 지식을 겸비한 만화가 폴드랑과 따님 만화가 아라, 두 부녀 작가의 역량을 믿기에 4권에 대한 기대 또한 크다.

2016년 6월 어느 비오는 월요일 구리 사무실에서

이영기

닉네임: 신의손
동국대학교 윤리문화학과 졸업
윤리과목 2급 정교사
경기대학교 역학전문가 과정 수료
방송통신대학교 경영학과 수료
한국성명학회 경기지회장 역임
1991년 명문당 창립
2000년 3월 귀화 골키퍼 사리체프 한국명 신의손 작명
동국대학교 윤리문화학과 총동문회장
동국대학교 총동창회 이사
신의손작명원 원장

2009년 생활체육지도자 2급 당구 자격증 취득
구슬모아 당구클럽 동호인대회 준우승
핸디: 22점

어느 날 오후에 만화가 폴드랑 님의 전화가 왔다.

폴드랑   신의손 님께서『아라의 당구홀릭』3권 추천서를 좀 써 주셨으면 합니다.
신의손   네? 나처럼 평범한 하수 동호인에게 그 귀한 책 추천서라니요?
폴드랑   지난 번 구슬모아 당구클럽 동호인 대회 준우승자시잖아요?
            그리고 사무실에서 '스트록연습기' 만들어서 연습하실 때『아라의 당구홀릭』1권 2권 보시면서 연습하시던데 그걸로 자격 충분합니다.
신의손   네, 맞아요. 사실 그 책 효과 덕분에 잘못된 당구습관도 거의 다 잡히고 실력도 많이 늘었다고 생각합니다. 정말 고맙게 생각하고 있어요.
폴드랑   그래서 이렇게 부탁하는 겁니다. 부디 신의손 님의 그 진솔한 경험담으로 이번에 나오는『아라의 당구홀릭』3권 좀 추천해 주세요.

언제인가 구슬모아 당구클럽 휴계실에서 대화가 있었다.

회원 A1   신의손 님이 요즘 갑자기 실력이 많이 느신 것 같아요.
회원 A2   맞아. 요즘 새로 나온 책 『아라의 당구홀릭』 보시면서 많이 달라지신 거 같아.
회원 A1   그래요? 그 책이 그렇게 좋아요?
회원 A2   그래. 만화로 설명이 되어 있어서 초보자도 좋고 중급자도 배울 게 많다고 하시더라구.
회원 A1   그렇군요. 그럼 나도 그 책 좀 사 봐야겠는데요?
회원 A2   그래. 사서 보고 나 좀 빌려주라. ㅎㅎ
회원 A1   이런 책은 사서 보고 또 봐야 실력이 늘지요.
          한 10년 기다리시든가...ㅎㅎ

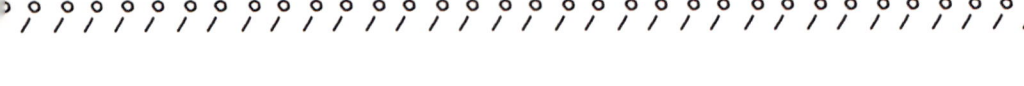

차례

추천의 글 ··· 04

큐볼은 정말 직선으로
          굴러가는 것일까? ··· 11

스쿼트와
큐볼 진행거리와의 상관관계 ··· 33

3쿠션(3 Cushion)이란? ··· 51

뒤돌리기란?? ··· 65

제1형태 ··· 79

제2형태 ··· 91

제3형태 ··· 117

제4형태 … 143

키스아웃(Kissed Out) … 161

뒤돌리기 키스 판별법!! … 187

스핀 샷(Spin Shot) … 209

뒤돌리기와 두께 겨냥방법 … 231

시스템(System) … 259

큐볼은 정말 직선으로 굴러가는 것일까?

왔다!!

안으로 짧게 돌기기!! ㅋㅋ~
"세이프티"로 버티길
잘했군, 잘했어~

세이프티(Safety): 공격이 실패했을 때 상대방에게 쉬운 공배치가 가지 않도록
안전하게 플레이하는 방법, 일반적으로 이를 디펜스라고 하는데
이는 국내에서만 사용되는 용어이며, 정식 명칭은 세이프티(Safety)이다.

이제부터는 디펜스(Defense)가 아닌
세이프티(Safety)를 사용해주세요!!

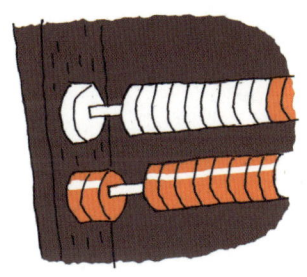# 나는 2개, 상대는 마무리!!

미친듯 큐대를 뜯어먹는 저 모습!!

상대도 이미 알고 있는 것이다.
자신의 역전패라는 것을!!
여기서 초크칠 한 번 더~~ㅋㅋ

그리고 아주 얇은 두께로
가볍게 잽 샷을~오우 예!!

툭~

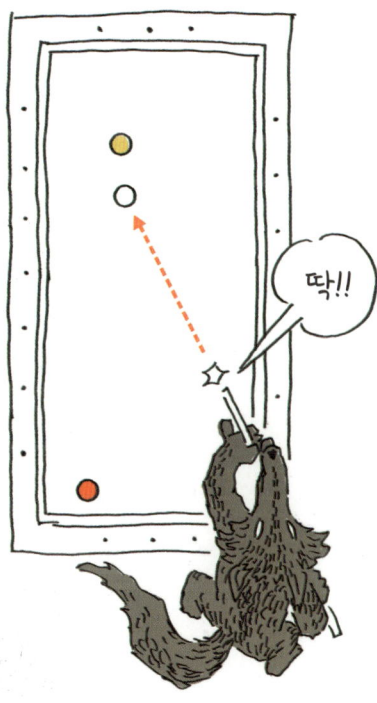

37. 큐볼은 정말 직선으로 굴러가는 것일까?

너도 삐꾸인 거냐?
ㅋㅋ~

크악, 또 두껍잖아!!
컹~ 두 번 연속 빽차!! 악!!

컹~ 커커컹!!

37. 큐볼은 정말 직선으로 굴러가는 것일까?

"몇 해 전에 나는 내가 어렸을 때 참이라고 받아들였던 많은 것들이 사실은 거짓이고, 이 거짓들을 토대로 쌓아올린 구조 자체가 무척 의심스럽다는 사실에 놀랐다.
그래서 학문에서 안정적이며 영속적인 것을 하나라도 얻기 위해서는 평생에 적어도 한 번은 모든 것을 무너뜨리고 기초에서부터 다시 출발해야 할 필요가 있다는 것을 깨달았다."

— 데카르트

초이스(Choice)

1. 선택(하는 행동) 2. 선택권

타석에 들어선 플레이어가 가장 먼저 행하는 것은 득점진로를 찾는 일이다. 그리고 이 득점진로는 큐볼과 목석구의 위치에 따라 다양한 형태로 존재한다.

일반적으로 가장 많이 선택하는 대회전.

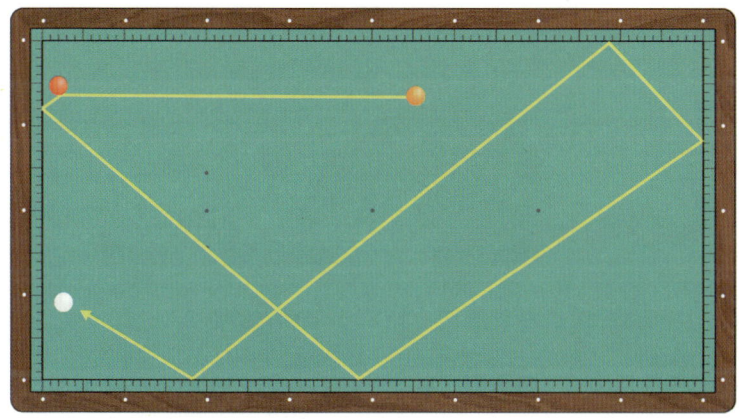

여기에 플레이어의 굉장한 능력까지 더해지면 상상도 못한 놀라운 곡선의 세계까지 등장하게 되는데 그중 어느 한 가지를 선택하는 것을 초이스(Choice)라고 한다.

다음으로 할 일은 득점진로에 맞는 분리각을
얻기 위한 두께를 설정하는 일이다.

요런 배치는 1/2두께로
회전력 듬뿍~

이제 플레이어는 제1목적구와 큐볼을 번갈아 바라보며
자신이 겨냥한 두께가 완벽하기만을 갈망하는데...

이 두께가 맞겠지? 맞을 거야.
아니, 조금 얇은가?

이쯤에서 플레이어의
두께 겨냥방법을 살펴보자.

플레이어는 1/2두께를 다음과 같이 겨냥하였다.
흠잡을 곳 없는 완벽한 1/2두께 겨냥방법이다.

지금 나 잘했다고
칭찬받음??

그런데 위의 겨냥방법에는 절대적 요소 한 가지가 빠져 있다. 바로 **당점**이다. 플레이어는 **횡회전 3팁**을 주었다. 변함없이 올바른 겨냥방법일까?

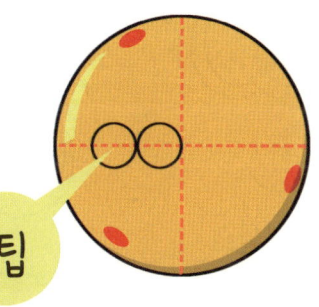

정답은 전혀 "**아니다.**"이다.

횡회전 3팁으로 출발한 큐볼은 플레이어가 겨냥한 1/2두께보다 훨씬 얇은 두께로 충돌하기 때문이다.

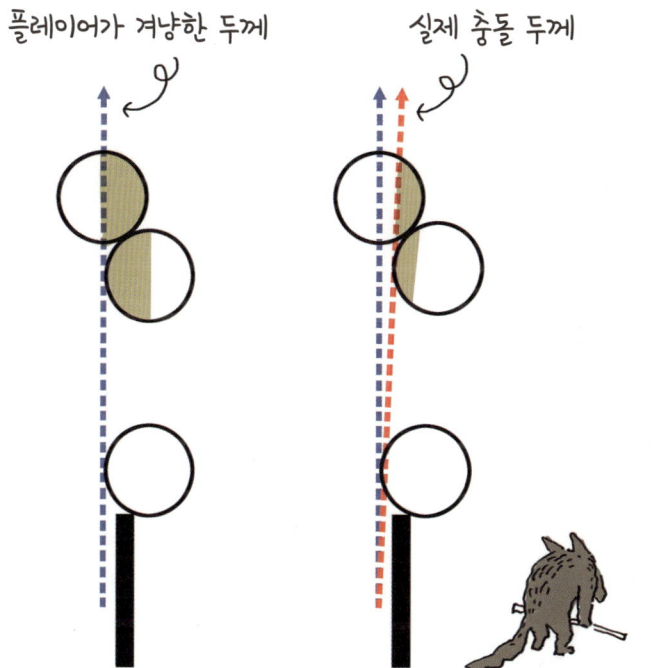

37. 큐볼은 정말 직선으로 굴러가는 것일까?

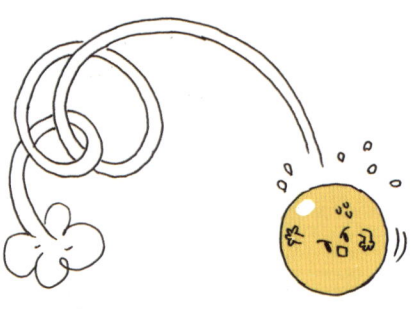

《회전력을 가진 큐볼은 직진하지 않는다!!》

다음의 예제를 가만히 들여다보자.

예제 1>

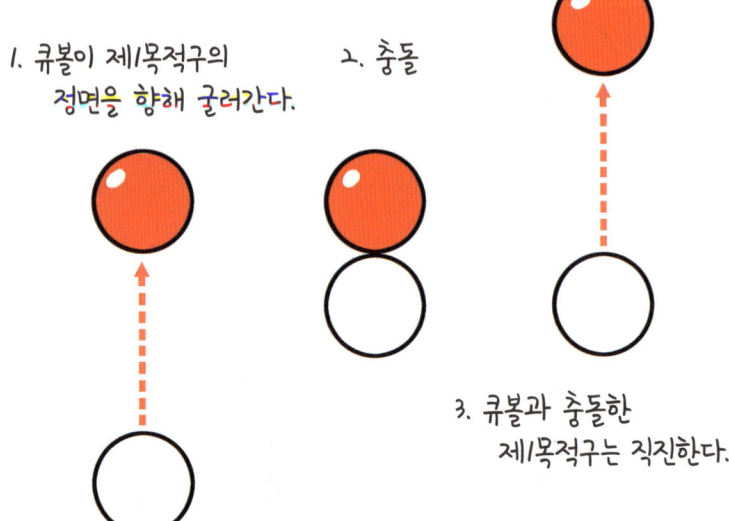

1. 큐볼이 제1목적구의 정면을 향해 굴러간다.
2. 충돌
3. 큐볼과 충돌한 제1목적구는 직진한다.

예제 2〉

1. 이번에는 큐볼이 제1목적구의 옆쪽을 향해 굴러간다.

2. 충돌

3. 이때 에너지의 전달은 구체의 질량중심점에서 질량중심점으로 향하므로

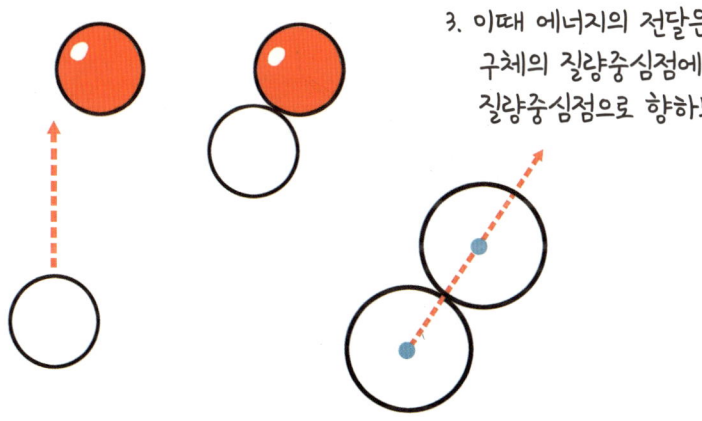

4. 제1목적구는 너무도 당연하게 에너지의 전달방향으로 굴러간다.

데구르르~

큐볼의 최초 진행방향

위의 두 가지 예제는 우리가 당구를 치면서 수없이 목격하였으며 질리도록 경험해보고 검증까지 곱씹었던 부정할 수 없는 더 없이 완벽한 진실이다.

37. 큐볼은 정말 직선으로 굴러가는 것일까?

이제 이 완벽한 진실 속에
작은 돌맹이 하나를 던져 넣어 보자.

사실 제1목적구와 충돌한 건 "큐볼"이 아닌 "큐"이다.

믿기 어렵겠지만 이 또한 부정할 수 없는 완벽한 진실이다.
큐 역시 큐볼과 같은 하나의 충돌물체이므로 에너지를
전달하는 방향은 큐볼과 똑같은 제1목적구의 질량중심점이다.

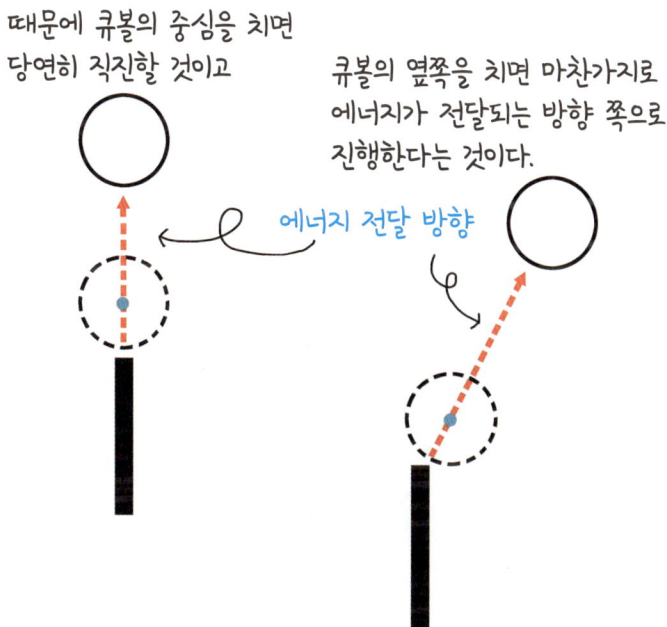

때문에 큐볼의 중심을 치면 당연히 직진할 것이고

큐볼의 옆쪽을 치면 마찬가지로 에너지가 전달되는 방향 쪽으로 진행한다는 것이다.

에너지 전달 방향

그런데 우리들 눈에는 큐볼이 완전 직선으로
진행하는 것처럼 느껴진다는 것인데..

이게 직선이 아니라고?

큐볼과 팁의 탄성계수 차이때문이다.
당구공의 탄성계수는 약 0.96이다. 거의 1에 가깝다.
또한 모든 당구공은 동일한 탄성계수를 지닌다.

때문에 제1목적구와 큐볼은 충돌 순간 힘의 수평선을
만들게 되어 제1목적구는 에너지의 전달방향으로,
큐볼은 힘의 수평선을 따라 진행하게 된다.

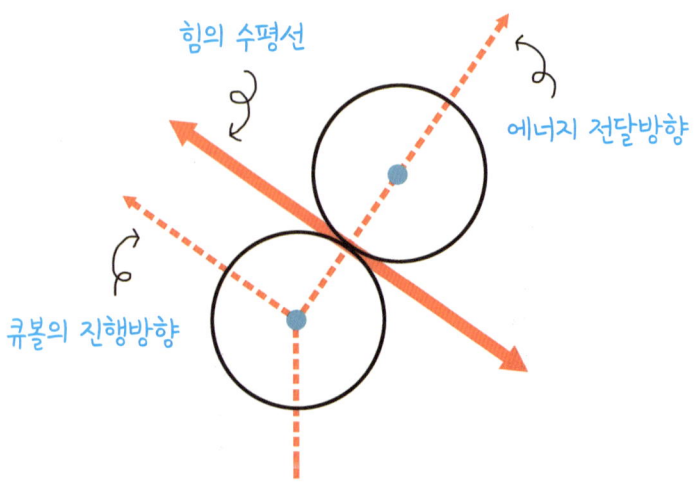

하지만 팁의 탄성계수는 터무니없이
약하기 때문에 충돌 순간 큐볼의 반발력에 의해
그 모양이 완전 꼴사납게 찌그러들고 만다.
놀라운 것은 이 순간 아주 특별한
어떤 사건이 시작된다는 점이다.

팁은 충돌 순간 그 즉시 큐볼에서 떨어지지 않는다.
왜냐하면 충돌물체를 떨어지게 만드는 반발력을
팁 스스로 자신의 모양을 변화시키며
흡수해 버리기 때문이다.

더욱 놀라운 사실은 이 순간에도 샷은 멈추지 않고
계속해서 진행 중이라는 것이다.
때문에 큐볼과 팁은 서로 달라붙은 상태에서 아주 짧은 거리를
동일한 방향으로 이동하게 되는데 그 방향은
샷의 진행방향이 된다.

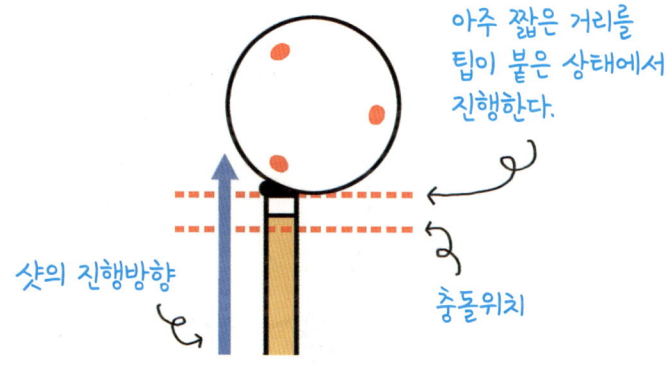

이 순간 드라마와도 같은 어떤 사건이 시작되는데 큐볼은
에너지의 전달방향이 아닌 샷의 진행방향 쪽으로 이동하려는
제3의 힘을 갖게 된다는 것이다.
당구의 드라마는 여기서부터 시작된다.

탄성계수가 동일한 당구공의 충돌에서는 ⓐ와 ⓑ 두 방향으로 작용하는 힘뿐이지만 탄성계수가 전혀 다른 큐볼과 팁이 충돌할 때는 샷의 진행방향에 따른 제3의 힘, 즉 샷의 진행방향으로 향하는 새로운 힘 ⓒ가 만들어진다.
큐볼을 직선으로 진행하게 만드는 힘, 즉 직진력이다.

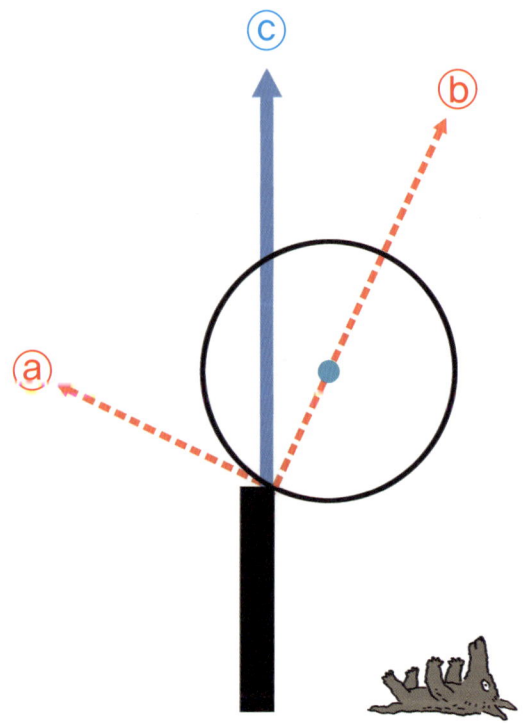

이 힘의 작용은 임팩트 순간 만들어지는 어떤 힘보다도 우선한다.
회전력을 만들어내는 마찰력 ⓐ와 방향성을 만드는
에너지의 전달방향인 ⓑ는 팁이 큐볼을 밀고 가는 동안에는 절대
작용할 수 없다. 큐볼의 측면을 쳤을 때도 직진하는 이유는 이 때문이다.

임팩트 순간의 드라마가 이처럼 깔끔하게 정리된다면 정말 좋겠지만..
너무나 아쉽게도 여기에는 한 번 빠지면 절대 탈출 불가능한
개미지옥보다도 더 위험한 함정이 도사리고 있다.

큐볼에서 팁이 떨어지는 순간
억눌렸던 ⓐ와 ⓑ 두 힘이
그 즉시 되살아난다는 것이다.
그리고 이렇게 되살아난 두 힘은
지금부터 큐볼의 방향성을···

뒤흔들려 하는데!!!

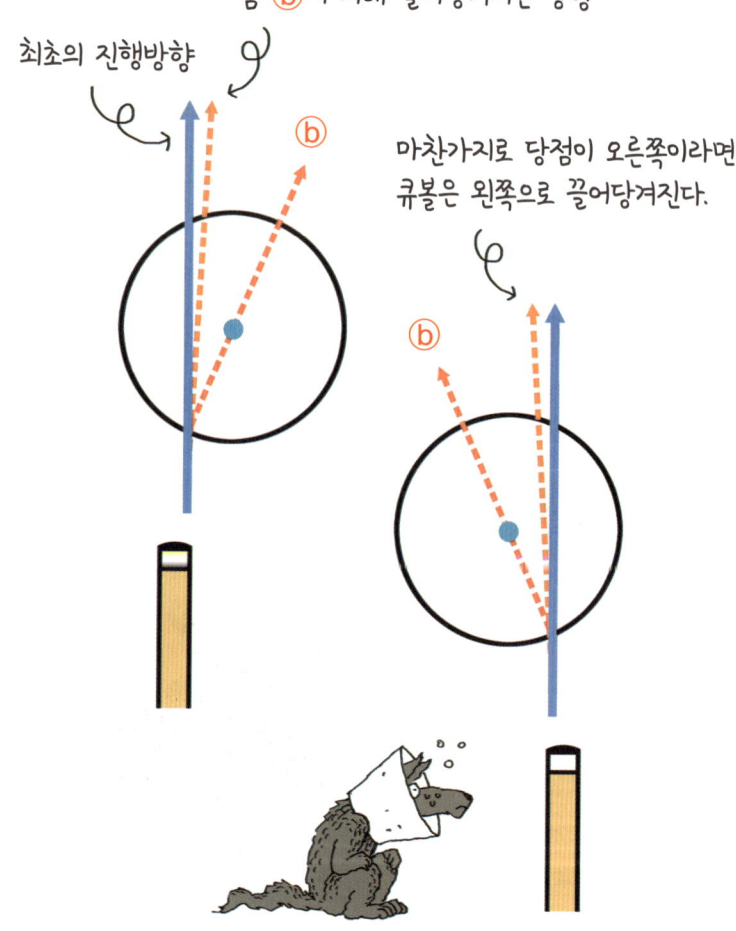

이를 "스쿼트(squirt)현상"이라고 하며
당점이 큐볼의 중심점에서 멀어지면 멀어질수록
더욱 크게 나타난다.

스쿼트(squirt)현상이
발생하는 당점영역

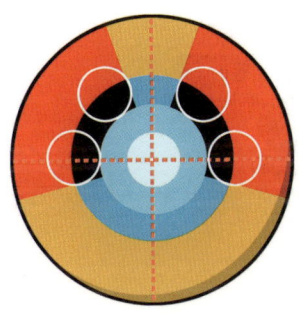

빨간색과 검정색 부분을 기준으로
3팁의 모든 당점에서 스쿼트현상이 나타난다.

스쿼트와 큐볼 진행거리와의 상관관계

스쿼트현상으로 생겨나는 큐볼의 편차는 큐볼이 진행하는 거리에 따라 달라진다. 거리가 가까울수록 작고 멀어질수록 그 폭도 상대적으로 커진다.

테이블 끝까지 진행한다면 심할 경우 공 한 개 이상의 편차를 보임.

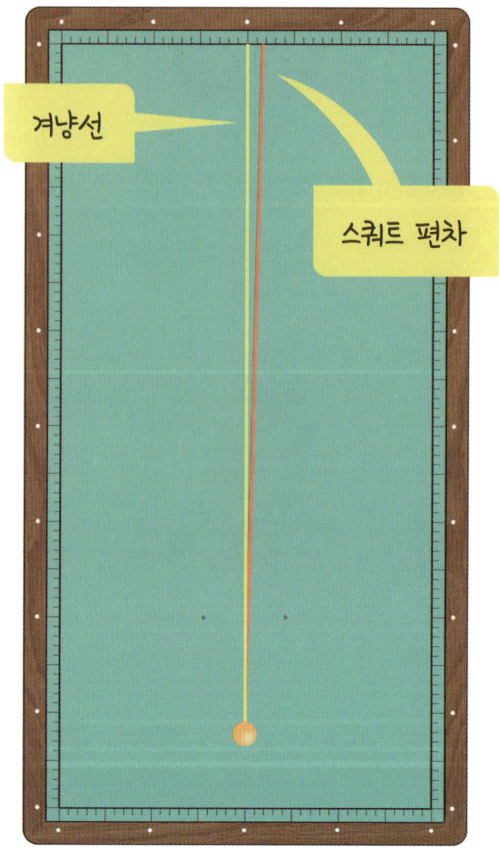

≪ 스쿼트(squirt)와 샷의 관계 ≫

고점자와 당구를 칠 때면 의례 듣는 말이 하나 있다.

초심자의 샷은 대부분 큐볼을 순간적으로 강하게 때리는 샷이다.
흔히 "끊어친다"라고 표현되는 샷이다.
아무리 초심자라고 해도 큐볼을 치면 대부분 직선으로 굴러간다.
왜냐하면 비록 끊어쳤다 하더라도 팁은 당연히 압축될 것이고
필연적으로 큐볼과 붙어서 진행하는 거리가 생겨나기 때문이다.

엄밀히 말하면 초심자의 샷 역시 분명 밀어치기가 된 샷인 것이다.
단지 밀고 가는 거리가 고점자에 비해 조금 짧을 뿐이다.

 그러나 그 결과의 차이는 너무나 크다는 거!!

38. 스쿼트와 큐볼 진행거리와의 상관관계

밀고 가는 거리가 짧으면 에너지 전달방향으로의 힘 ⓑ 역시 그만큼 빨리 되살아날 것이며 큐볼의 직진력을 무너트리는 스쿼트 역시 결코 피할 수 없다. 하지만 밀고 가는 거리가 길어지면 길어질수록 힘 ⓑ는 점점 더 그 힘을 잃는다. 왜냐하면 직진력이 힘 ⓑ를 흡수해 버리기 때문이다.
큐볼을 밀어쳐야 하는 이유도 여기에 있다.

고점자는 스쿼트를 신경 쓰지 않는다.
왜냐하면 그들은 스쿼트가 발생하지 않도록 큐볼을 충분히 밀어주기 때문이다. 뿐만 아니라 의도적으로 스쿼트를 만들어 놀라운 샷을 풀어 놓기도 한다.

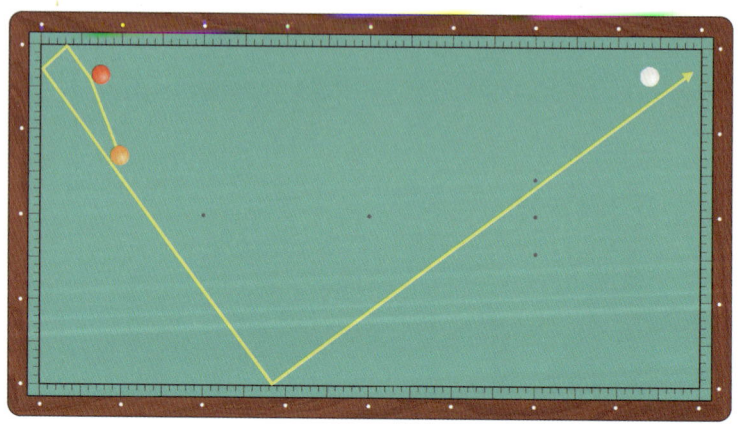

≪ 스쿼트를 피할 수 없다면 이를 적극 활용하자!! ≫

스쿼트는 주로 짧은 샷에서 발생한다.
짧은 샷의 특성 중 하나는 스트로크의 속도가 아주 빠르다는 것이다.
때문에 큐는 임팩트 순간 광속에 가까운 반발력과 맞닥뜨리게 되어
광속으로 튕겨져 나간다.

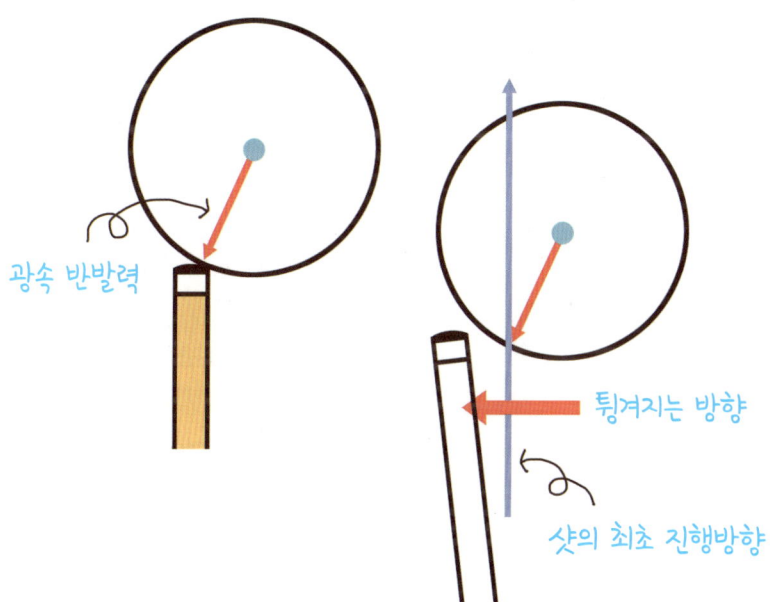

그리고는 뭐가 그리 두려운지
사시나무 떨듯 떨고만 있는데.

좀 더 이해하기 쉽게 표현해보자.

① 임팩트되었다.

② 이 순간 에너지는 큐볼의
질량중심점을 향해 전달된다.

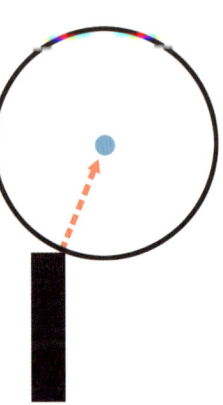

③ 다음 순간 팁은 그 모양이 완전 꼴사납게 압축된다.

아래 그림은 초고속 카메라를 이용해서 잡은 팁이 압축되는 순간이다. 팁은 직선으로 압축되는 것이 아니라 어느 한쪽 방향으로 완벽히 이격된 상태로 압축된다.

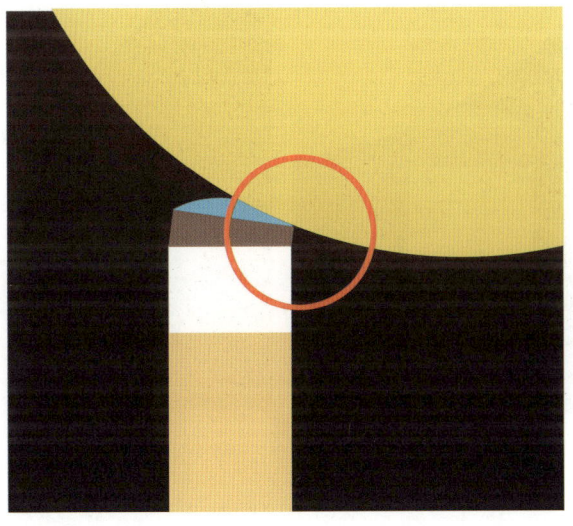

샷의 방향성 자체가 바뀐다는 뜻이다.
비록 이런 상태여도 큐볼을 충분히 밀고 가준다면 샷의 방향성은
다시 회복되겠지만 짧은 샷에서는 바로 이 순간 밀고 가기가 끝나고 만다.

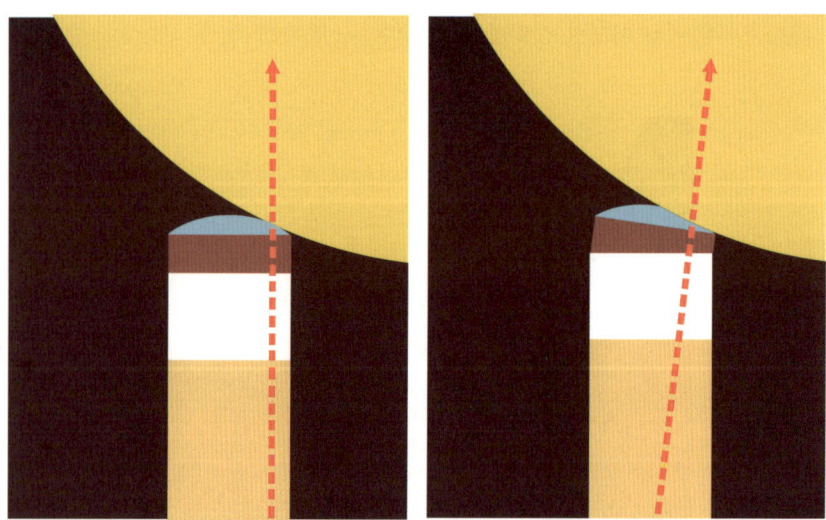

안타깝게도 샷의 방향성이 바뀐 상태에서 말이다.
이것이 스쿼트의 정체이다.

고점자의 샷은 이 모든 상황을 충분히 고려하고 있다.
때문에 그들은 스쿼트를 전혀 개의치 않으며 오히려 이를
적극 활용하기까지 하는데 다음의 배치도에 그 비밀이 숨어 있다.

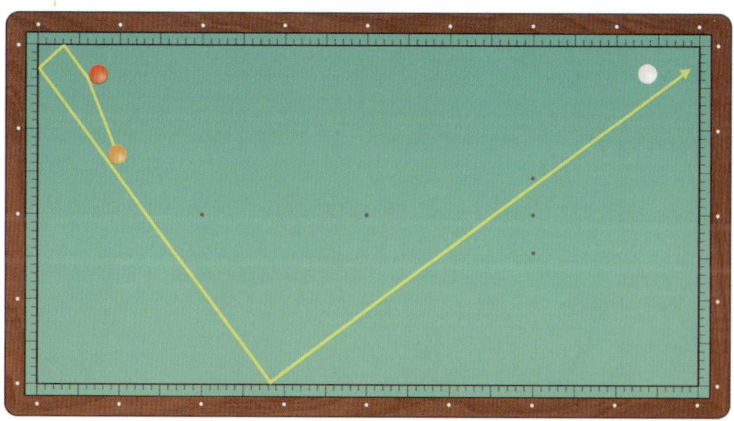

기본적인 안돌리기 배치이다. 그러나 공간이 너무 좁아 조금만 두꺼워도
장축이 아닌 단축 쪽을 맞고 실패하게 되는 전형적인 배치이다.

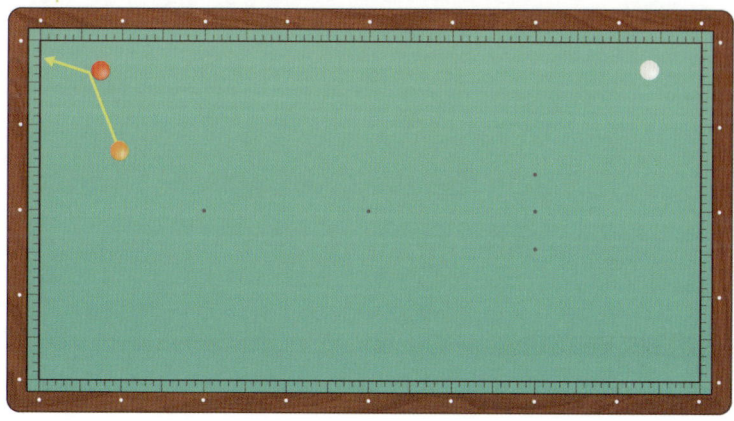

이와 같은 예민한 배치에서는 먼저 공략이 가능한 가
아닌 가부터 살펴야 한다.

큐볼이 빠져나갈 수 있다면 공략가능

큐볼이 제1목적구를 맞지 않고 장축 쪽으로 입사할 수 있다면
아무리 좁아 보여도 공략이 가능하다.
참고도의 경우 약간의 여유 폭까지 있어 충분히 공략 가능한 배치이다.

브리지는 약 10cm 이내로 위치시킨다.
(샷을 짧게 끝내기 위해서이다.)

그립은 큐의 무게중심점까지 당겨서 잡는다.

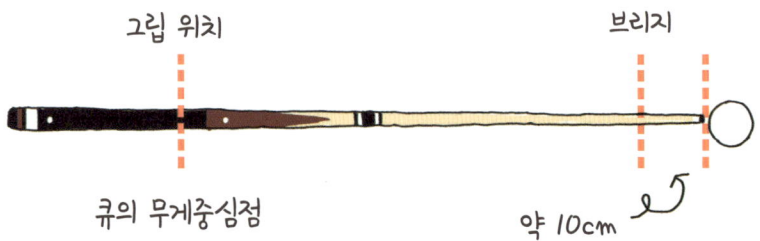

그립 위치   브리지

큐의 무게중심점   약 10cm

≪ 두께 겨냥방법 ≫

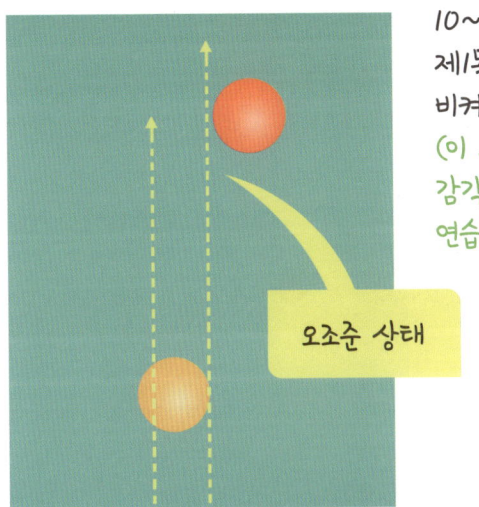

10~11시 방향 당점으로 큐볼이 제1목적구를 맞지 않고 아슬아슬하게 비켜가도록 겨냥한다.
(이 부분은 얇은 두께를 겨냥하는 감각에 의해 좌우되므로 충분한 연습이 필요하다.)

오조준 상태

이제 샷의 속도를 아주 조금 가속시켜 큐볼을 톡!! 하고 임팩트만 시킨 상태에서 샷을 끝내보자.
멋지게 성공했다면 오늘의 주인공은 당신이다.

스쿼트에 의해 진행방향이 오른쪽으로 살짝 치우친다.

38. 스쿼트와 큐볼 진행거리와의 상관관계

이처럼 아주 얇은 두께로 구사하는 샷을
페더 샷(Feather Shot)이라고 한다.

새의 깃털처럼
가볍고 부드럽게~

TIP!!
페더 샷은 제1목적구를 살짝 흔들고 지날 뿐이어서
에너지 손실이 전혀 없다. 가볍게 툭~ 쳐주는 것만으로도
얼마든지 아래쪽 코너에 도착한다.
과도한 힘은 큐볼의 진행각도를 엉망으로 만들뿐이다.

≪ 스쿼트를 극복하자!! ≫

스쿼트는 계산하는 것이 아닌 반드시 극복해야만 하는 당구의
또 하나의 과제이다. 자신의 샷에 따른 스쿼트의 편차를 정확히
알고 있다면 제1목적구가 아무리 멀리 떨어져 있어도 전혀
두려울 것 없다.

< 스쿼트 테스트 >

빨간공 4개를 다음과 같이 배치한 후 3팁의 당점으로 목표한 지점을 향해 큐볼을 보내보자.
(당구공 대신 공 케이스를 이용해도 됨.)

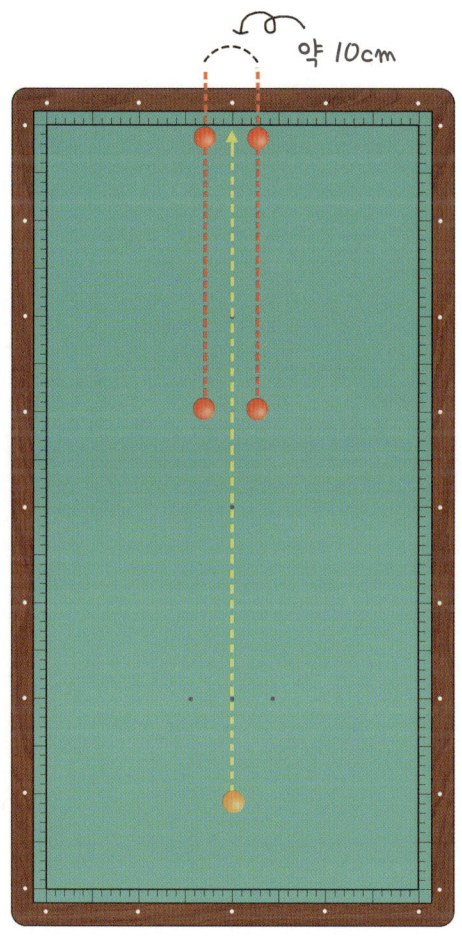

만약 스쿼트가 아주 심하다면
첫 번째 관문도 통과하기 어렵다.

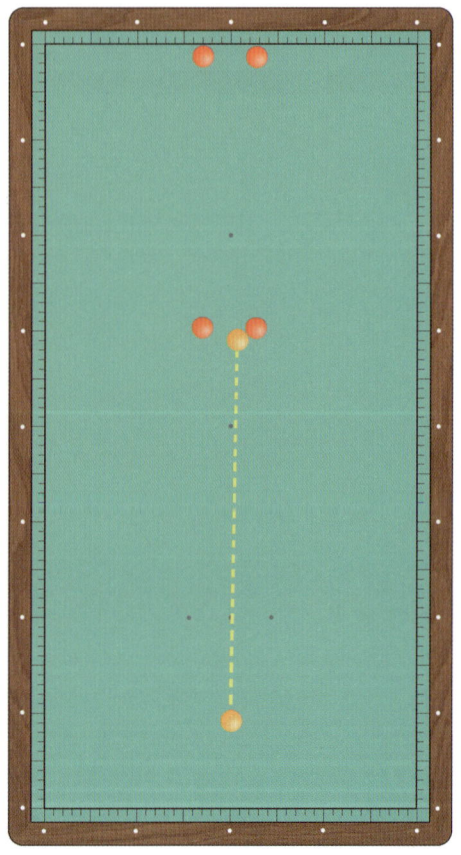

줄자를 이용해 큐볼의 진행선을 만든 뒤 일반적인 샷의 세기와 아주 강한 세기에서 얼마만큼의 편차가 생기는지도 반드시 알아두어야만 한다.

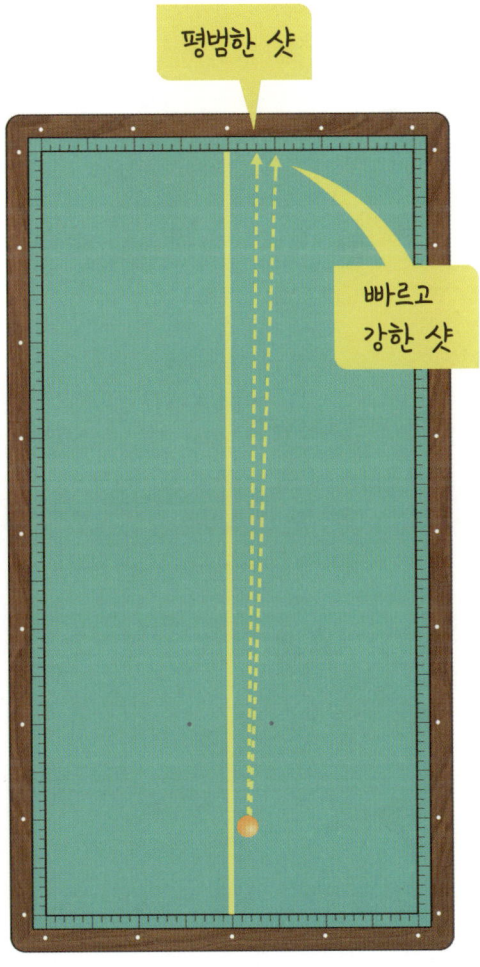

≪ 스쿼트를 만드는 샷의 습관 ≫

4구는 대부분의 득점진로가 짧기 때문에
샷 자체도 짧은 샷을 주로 구사한다.

하지만 3구의 경우 거의 모든 득점진로가 길고도 험난하다.
강하게 밀어치기, 끌어서 한 바퀴 돌리기, 대회전, 횡단샷 등을
구사하기 위해서는 4구에서의 톡톡 건드리는 샷으로는 어림도 없는 것이다.
이를 극복하기 위해 사용되는 대표적인 방법 중 하나가
임팩트 순간 큐를 강하게 잡아주는 방법이다.

이는 자칫 플레이어 자신도 모르는 사이 어떤 버릇 하나를 만들게 된다.
바로 업 샷(Up Shot)이다.

업 샷이란 샷의 궤적이 아래쪽에서
위쪽으로 들려올라가는 샷이다.

업 샷(Up Shot)의 궤적

임팩트 순간 큐를 꽉 잡는 행위가 샷의 궤적을 위쪽으로
들려 올라가게 만드는 요인 중 하나로 작용하기 때문이다.
(반대로 아래쪽으로 내려가게 만들기도 한다.)

제1목적구가 멀리 있을 때 두께 설정이 유독 어렵다면
혹 자신의 샷이 업 샷의 형태로 구사되고 있는지
의심해보아야 한다.

TIP!!

업 샷이 잘못된 샷이라거나 나쁘다는 것이 아니다.
엄연한 샷의 테크닉 중 하나이다.
단지 고점자는 업 샷의 특성을 정확히 알고 있으며 꼭 필요한 순간에만
사용한다는 것이다.
업 샷의 특성 중 하나가 바로 스쿼트를 만들어내는 일이기 때문이다.

3쿠션(3 Cushion)이란?

3쿠션은 4구와 달리 득점방식이 한정되어 있다.
모든 득점은 반드시 제2목적구를 맞추기 전에
큐볼이 3번 이상의 쿠션터치가 이루어져야 한다.

≪ 대표적인 3쿠션 득점진로 ≫

뒤돌리기   안돌리기

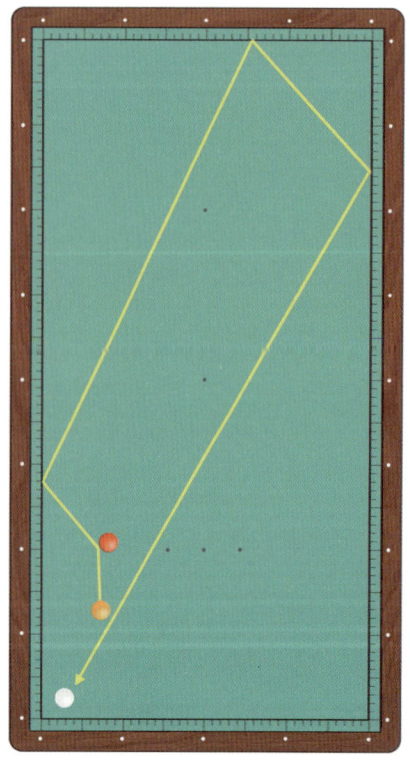
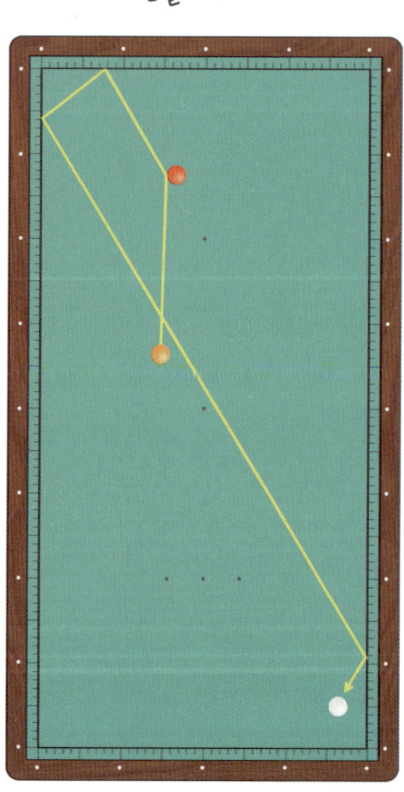

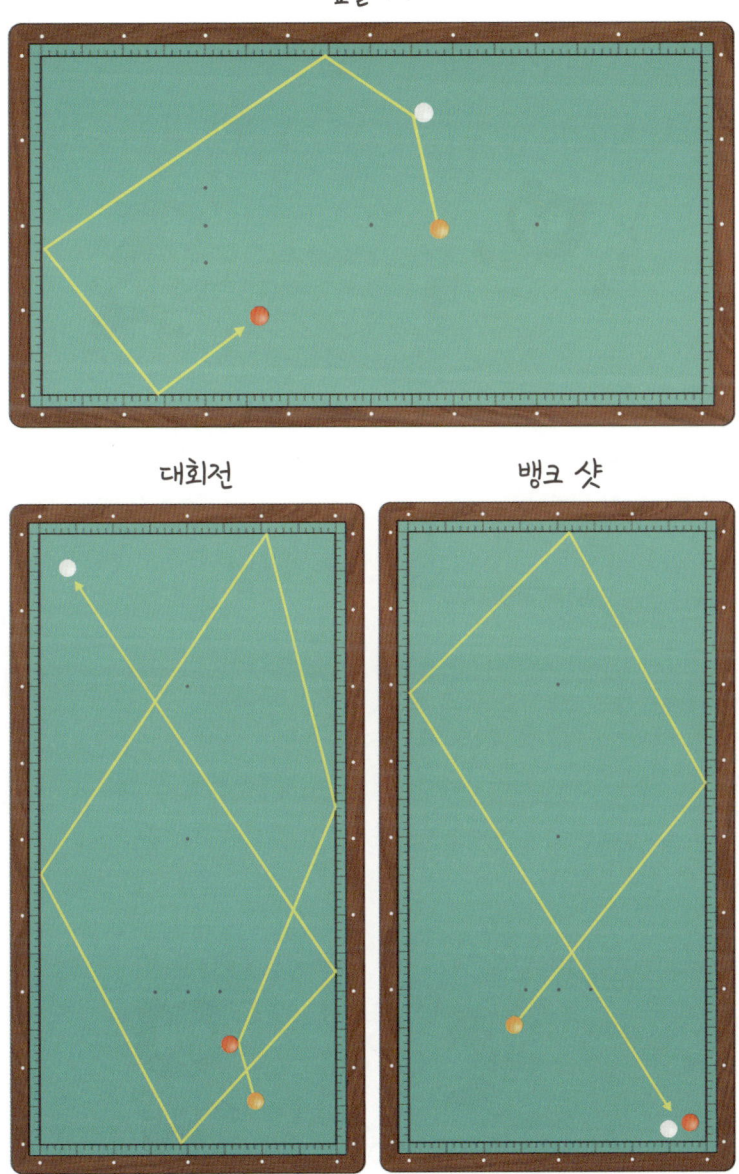

이밖에도 다양한 형태의 득점진로가 있으며 3쿠션을 즐기기 위해서는 보다 많은 형태의 득점진로를 알고 있어야 한다.

≪ 3쿠션의 종류와 방식 ≫

3쿠션(3 Cushion):
일반적으로 가장 보편화되어 있는 방식이며 선수와 아마추어 모두 동일한 경기방식으로 진행된다.

프리 3쿠션 (Free 3 Cushions):
3구에 입문하는 초심자를 위해 별도로 고안된 형식이다.
모든 규칙은 기존 3쿠션 게임과 동일하지만 단 한 가지 자신의 공이 따로 정해져 있지 않으며 게임 중 자유롭게 큐볼을 바꿀 수 있다.

흰색 공을 큐볼로 하여 득점한 이후 다시 흰색 공으로 칠 필요 없이 노란색 공이 득점하기에 더 편하다면 노란색 공으로 공략하는 방식이다.

늑대는 3쿠션이 정말정말 치고 싶었어요.
그런데 구사할 수 있는 샷이 몇 개 없어요.
난구는 파도처럼 밀려와요.

늑대는 오늘도 4구를 치고 있어요.

큐볼을 자유롭게 선택할 수 있는 프리 3쿠션은 상대적으로
어려운 공들을 줄일 수 있어 득점률 또한 높아 3구에 대한
흥미도 올라가고 자연스럽게 득점진로도 익힐 수 있는
초심자에겐 그야말로 최고의 게임이 아닐까 생각한다.

4구와는 또 다른 매력덩어리 3구!!
프리 3쿠션으로 그 매력에 빠져 보아요~

≪ 초구, 제대로 한 번 쳐보자!! ≫

3쿠션 게임의 시작을 알리는 시그널 초구!!
성공하면 기분도 업되고 다음 공배치도 완전 쉬워
게임도 술술 잘 풀린다.

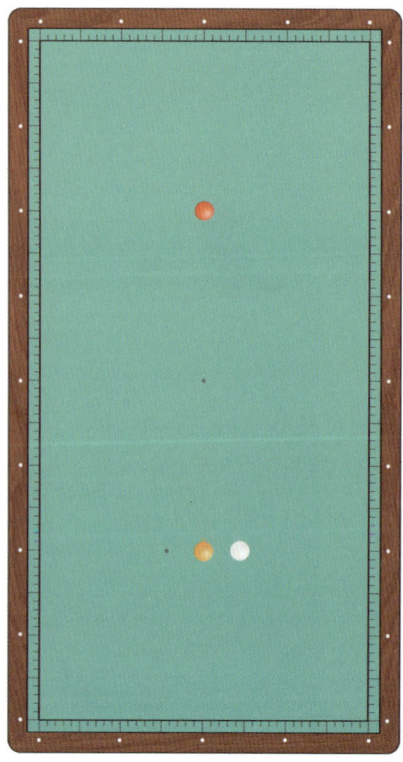

그런데 이상하게 초구는
잘 안 맞는다.
짧게 빠지거나 길게 빠지거나,
이번엔 맞았다고 생각하면
날벼락 같은 키스!!
업되기는 커녕 시작부터
뭔가 꼬여만 가는데..

못살아~~

≪ 초구 공략법 ≫

가장 이상적인 득점진로와 제1목적구의 진행경로

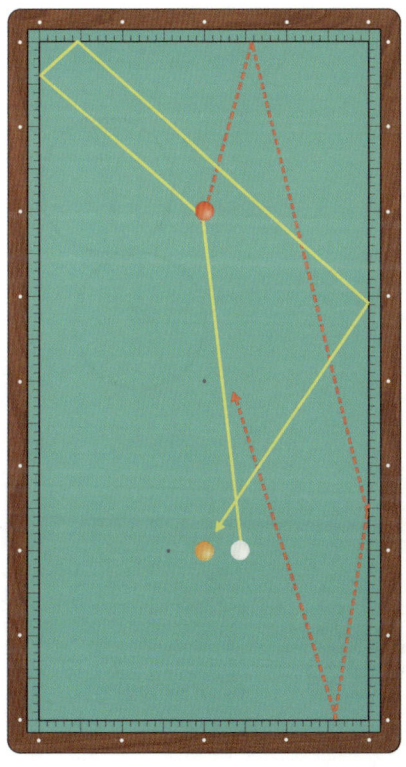

기본적인 두께와 당점

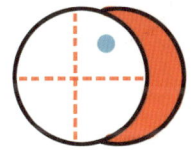

TIP!!

두께를 설정할 때 주의할 점은 제1목적구와 큐볼의 거리이다. 색각보다 꽤 멀다.
이 거리를 회전 당점으로 보낸다면 스쿼트현상은 필연적으로 생겨날 수밖에 없다. 때문에 스쿼트에 대한 오차를 반드시 보정해주어야 한다.

≪ 두께에 대한 의문점 하나!! ≫

초구 공략을 위해 위에 설정된 두께를 겨냥해보면 왠지 모르게 압박감이 밀려든다. 분리각에 대한 불안감이다. 과연 그 불안감의 정체는 무엇일까?

초구 공략을 위해 설정한
두께는 약 3/4두께

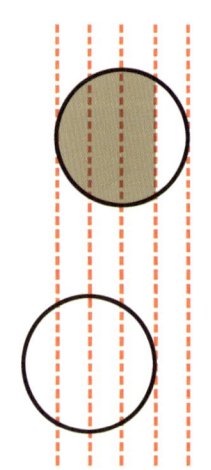

이 두께에서 큐볼의
분리각은 다음과 같다.

ⓐ

이걸 전부 외워야
한다는 겐가..

가서 장기나 한 판 두세~

두께	1/4	1/3	1/2	2/3	3/4	4/5
큐볼	42°	48°	60°	70°	75°	78°
목적구	48°	42°	30°	20°	15°	12°

《 두께에 따른 큐볼과 제1목적구의 분리각 기준표 》

이를 득점진로에 적용해보면 1쿠션 지점이
무섭게 차이 난다는 것이다.

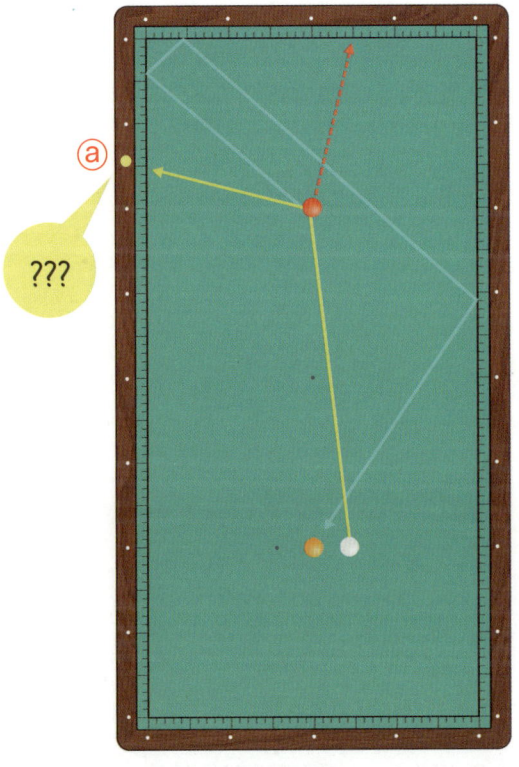

분리각이 정말 이론처럼 만들어진다면 큐볼은
당연히 ⓐ로 향할 것이다. 하지만 이는 어디까지나
이론적인 분리각일 뿐이며 테이블 위를 구르는 큐볼은
절대 ⓐ로 향하지 않는다.

큐볼이 진행하는 거리가 길어지면 길어질수록 구름관성은 더욱 클 것이고
그에 따른 밀림현상은 플레이어의 상상을 압도한다.
먹이를 발견한 백상아리처럼 큐볼은 벼락같이 휘어지며
약 5포인트 지점을 향해 돌진하는 것이다.
밀림현상에 의해 나타나는 휘어짐현상 때문이다.

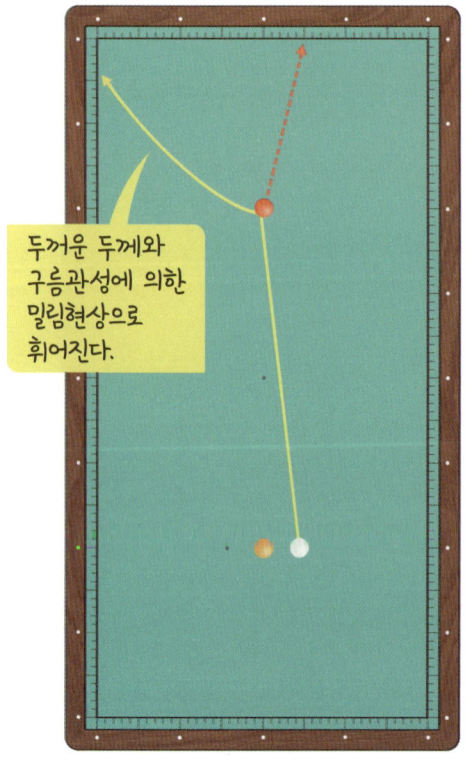

두꺼운 두께와
구름관성에 의한
밀림현상으로
휘어진다.

≪ 실패의 원인 ① ≫

강한 타격으로 구사한 샷은 필연적으로 스쿼트를 동반한다.
설령 오조준으로 스쿼트를 보정하더라도 문제는 여전히 남는다.
상단 당점으로 강하게 친 큐볼은 임팩트 순간 바닥면의 반발력에 의해 튀어 오른다.
이후 바닥면을 미끄러지듯 진행하게 되는데..

그 진행거리 또한 상상 이상으로 길다.

이는 마치 제1목적구 바로 앞에서 치는 것과 같아서 구름관성 작용이 거의 만들어지지 않는다. 때문에 큐볼의 휘어짐현상은 상단당점에 의한 회전력 작용만으로 아주 작은 곡선만 그릴뿐이어서 안타깝게도 큐볼은 10포인트로 향하고 만다.

올바른 득점진로와 비교해보면 1쿠션 도착지점이 얼마나 큰 차이가 나는지 알 수 있다.

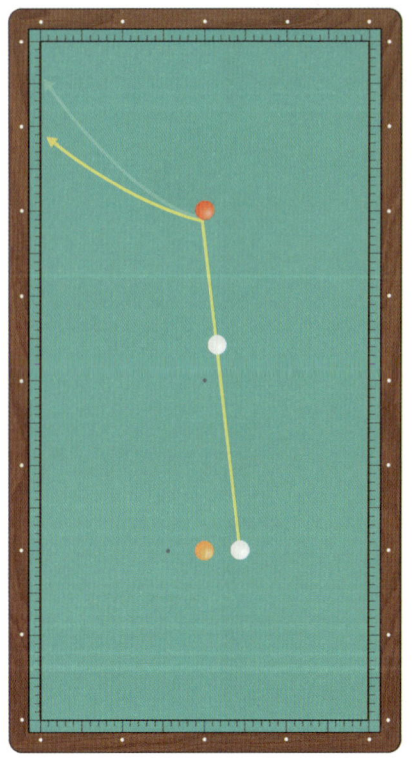
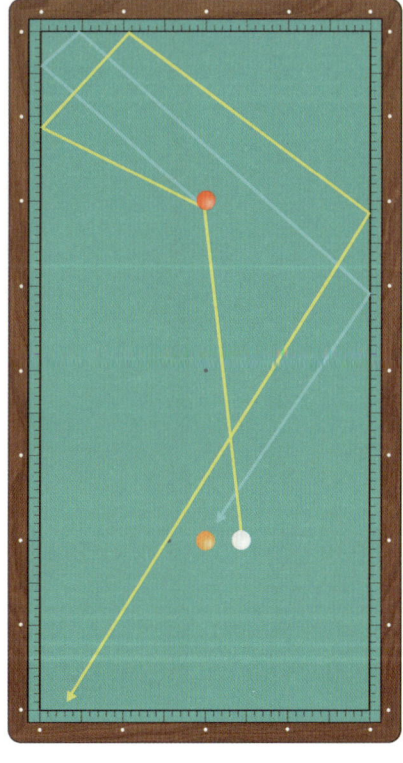

≪ 실패의 원인 ② ≫

타격으로 구사하는 샷에는 눈치채기 힘든 또 하나의 문제점이 숨어 있다.
큐볼과 제1목적구의 속도이다.
타격으로 득점진로를 만들기 위해서는 맥시멈 회전력이 필요한데
회전력이 증가할수록 큐볼의 속도는 떨어진다.
코너 쪽에서 되돌아 나오는 큐볼보다 속도가 훨씬 늦다.
(코너 쪽으로 깊게 들어가면 들어갈수록 튀어나오는 속도는 빨라진다.)
그에 비해 제1목적구의 속도는 아주 빠르다.
이 두 가지의 변수는 뜻밖에 드라마틱한 장면을 연출해내는데,
힘겹게 득점진로를 그리며 제2목적구를 향해 내려오는 큐볼을 비호처럼 덮쳐온다.

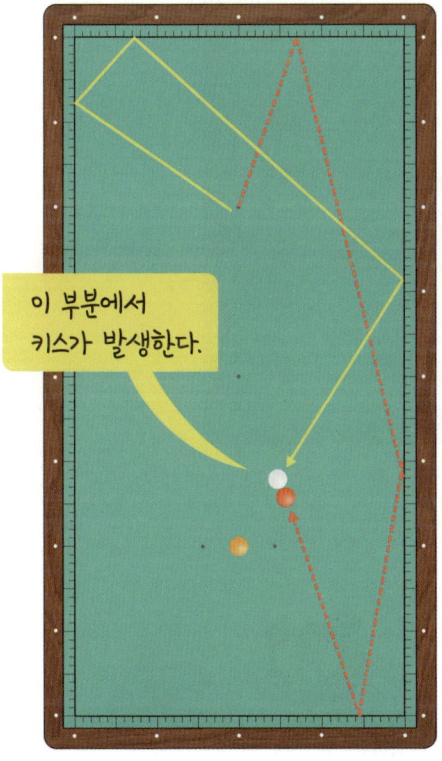

이 부분에서
키스가 발생한다.

아깝다!!
잘 쳤는데 운이
안 따랐을 뿐이야~

TIP!!

라고 생각한다면 곤란하다.
칠 때마다 운이 안 따른다면
그건 운이 아니라 뭔가 다른
인과율이 작용하고 있다는 것이다.

완벽하게 구사된 샷에서의 큐볼은 제1목적구보다 먼저
키스지역을 빠져나가며 득점에 성공한다.

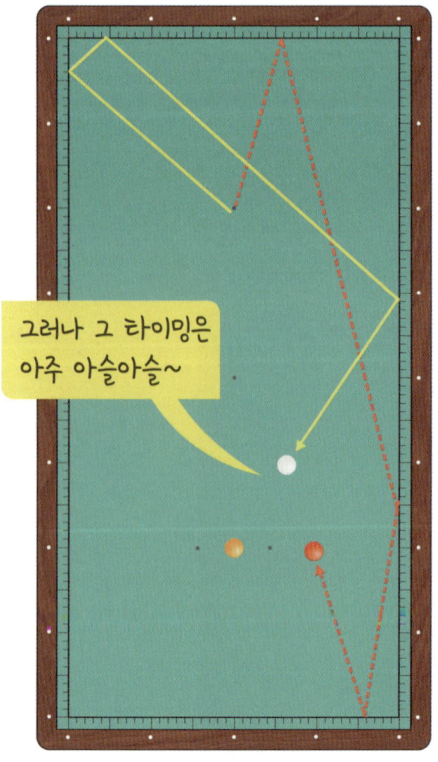

플레이어의 습관적인 타격이 큐볼의 속도를 떨어뜨려
키스의 확률을 높이고 있었던 것이다.

뒤돌리기란??

《 뒤돌리기란?? 》

뒤돌리기란 큐볼이 제1목적구의 바깥쪽으로 진행하는 형태를 말한다. 3구를 입문하면 누구나 가장 먼저 연습하는 형태가 이 뒤돌리기이다.

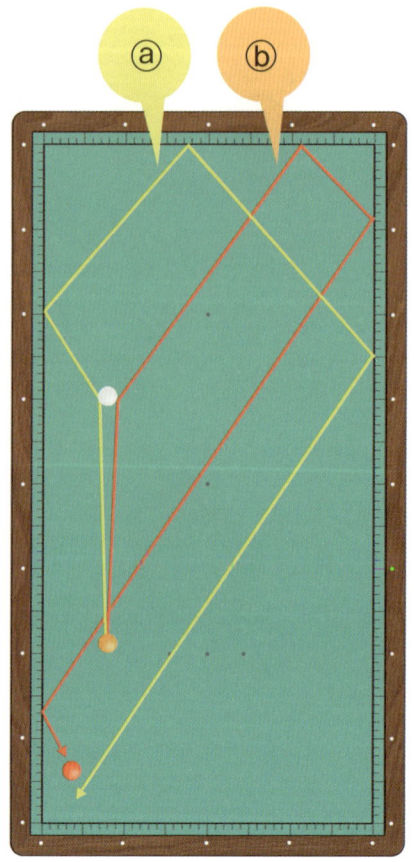

ⓐ 뒤돌리기
ⓑ 안돌리기

뒤돌리기는 이상한 양면성을 가지고 있다.
고점자에겐 어렵고 초심자에겐 쉽다는 것이다.
어째서일까? 답은 아주 간단하다.
고점자는 다양한 득점진로에 대한 보다
많은 정보를 가지고 있으며 그 모든 형태를
하나씩 뜯어가며 연습한다.
그중 뒤돌리기는 가장 복잡하고 많은
변수를 지닌 별난 배치임을 너무나
잘 알고 있기 때문이다.

하지만 초심자는 오직 한 가지 뒤돌리기 연습뿐이다.
왜냐하면 다른 형태는 잘 알지도 못할 뿐더러 도무지 근처로도
오지 않는 얄미운 배치보다 그래도 가끔씩 맞아주는 뒤돌리기가
훨씬 즐겁고 성과급도 챙길 수 있기 때문이다.
(열심히 치면 그만큼 실력도 오른다.)
때문에 다른 어떤 형태보다도 뒤돌리기만큼은 자신감이 넘친다.
단지 운이 나빠서 키스가 났을 뿐 마음먹고 공략하면 언제든
성공할 수 있는 아주 쉬운 배치가 되는 것이다.

오직 녀석의 앞쪽만을 뚫어져라 쳐다보는
그가 어찌 알 수 있을까.

놈의 감춰진 뒷쪽에서는
늘 함정을 준비하고 있다는 사실을..

키스!!

만약 뒤돌리기를 구사했을 때 키스가 난다면 당신은 이미 놈이 파놓은
키스라는 함정의 심연 속을 잠행중이다. 더 이상은 위험하다.
키를 돌려 어서 빨리 부상하라!!

≪ 뒤돌리기의 4가지 기본 형태 ≫

아래 전개도는 "로버트 번(Robert Byrne)"의 저서 중 "당구집대성"에 소개된 "슬레이트 시스템"이라는 멋진 뒤돌리기 공략방법이다. 고점자라면 익히 알고 있는 내용이며 그들만의 전리품과도 같은 시스템이다. 뒤돌리기를 설명하기 위해 또 다른 전개도를 예로 들 수도 있겠으나 굳이 이 형태를 사용하는 이유는 이미 당구인들 사이에 뒤돌리기 공략방법의 표준 모델로 자리하고 있다는 것이 하나의 이유이기도 하지만 그보다는 이 형태가 가진 장점들을 좀 더 꼼꼼히 다룸으로써 뒤돌리기의 개념뿐만 아니라 샷의 특성까지도 이해하기 위함이다. 여기에 나열된 4가지 형태를 충분히 연습한다면 보다 다양한 형태에서 굉장한 응용력을 발휘하리라 확신한다.

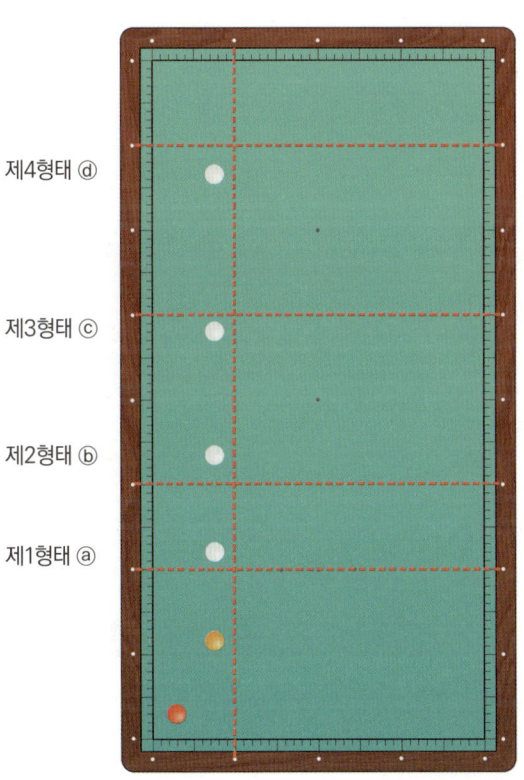

제4형태 ⓓ

제3형태 ⓒ

제2형태 ⓑ

제1형태 ⓐ

40. 뒤돌리기란?? 69

《 거리에 따른 당점과 샷의 변화 》

먼저 제1목적구와 큐볼의 거리에 따른 당점과
구사되는 샷의 특성부터 알아보자.

제1목적구는 장축을 기준으로 약 2포인트 근처에 위치해 있다.
먼저 득점진로를 살펴보자.

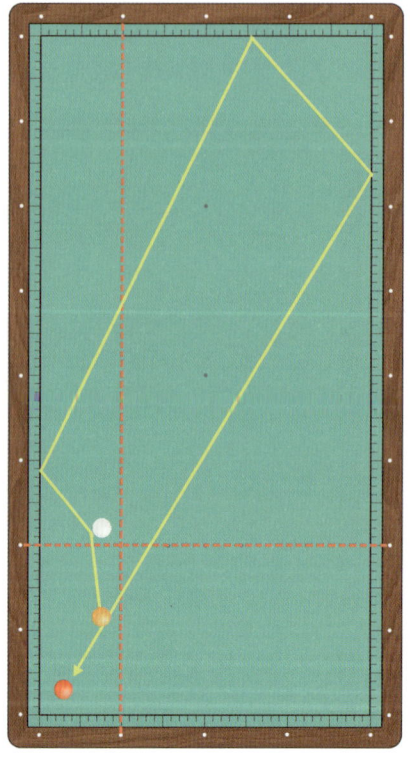

위 득점진로를 만들기 위해 샷과 당점 그리고 두께는 어떻게 해야 할까?

1) 샷의 속도

첫 번째 알아야 할 것은 짧고 빠른 샷이다.
만약 부드럽게 밀어치는 샷으로 구사한다면 제1쿠션에서
제2쿠션으로 향하는 큐볼의 반사각은 놀랄 만큼 커진다.

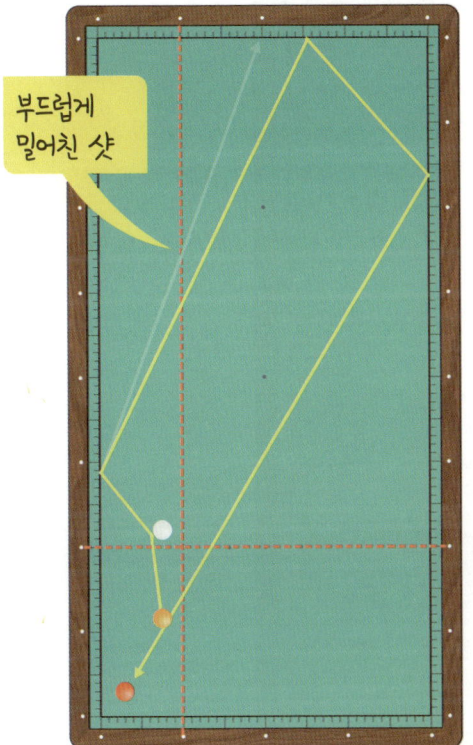

부드럽게 밀어친 샷

쿠션을 향한 큐볼의 입사각은 45°를 훨씬 넘고 있다. 반사각을 커지게 만드는 첫 번째 요인이다.

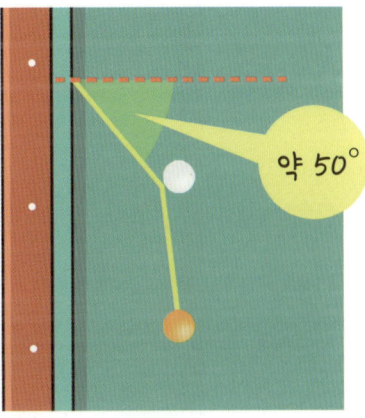

약 50°

두 번째는 부드러운 샷에 의한
쿠션의 아주 약한 반발력이다.
쿠션의 반발력이 약할수록 큐볼에
실려진 회전력은 자신이 만들 수 있는
최대 회전력으로 반응한다.

반발력이 아주 작음

슈우웅~

40. 뒤돌리기란??

이 두 가지 요인이 절묘하게 결합된다면 큐볼의 진로는 하염없이 길어지고 만다.

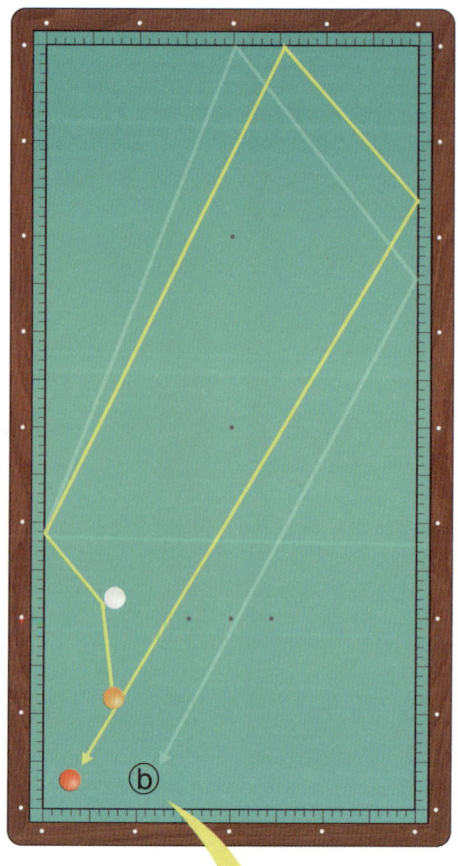

만약 제2목적구가 ⓑ지점에 위치한다면 이때는 부드럽게 밀어치는 것이 정답.

샷의 속도가 빠를수록 큐볼에 전달하는 에너지양은 증가한다.
당연히 쿠션의 반발력도 커진다.
강한 반발력은 큐볼에 실려진 회전력이 작용하기도 전에
큐볼을 빠르게 튕겨낸다는 것이다.
큐볼의 반사각을 좁게 만드는 첫 번째 방법이다.

쿠션의 강한 반발력이
반사각을 좁게 만든다.

2) 당점

두 번째는 당점이다.
위의 진로를 만들 때 사용되는 당점은 4시 방향 3팁이다.

짧게 밀어치는 샷의 가장 큰 특성은 제1쿠션에서의 최대 회전력 작용에 있다. 만약 2시 방향 3팁의 당점으로 짧게 밀어치는 샷을 구사한다면 큐볼은 1쿠션 이후 커브를 그리며 왼쪽으로 치우치게 된다.

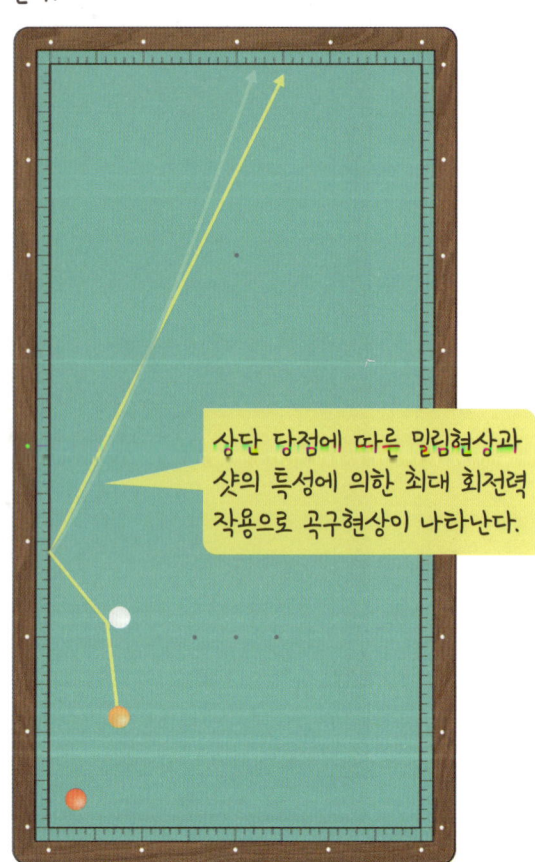

횡회전력이 가장
크게 작용하는 당점

상단 당점에 따른 밀림현상과 샷의 특성에 의한 최대 회전력 작용으로 곡구현상이 나타난다.

짧게 밀어치는 샷은 강한 회전력을 만드는 데에는 장점이 있지만 직진력을 실어주지 못한다는 치명적인 단점이 있다.

< 짧게 밀어치는 샷 >

(일반적으로 끊어치는 샷이라고 한다.)
빠른 샷 스피드로 회전력을 극대화 시키는 방법.

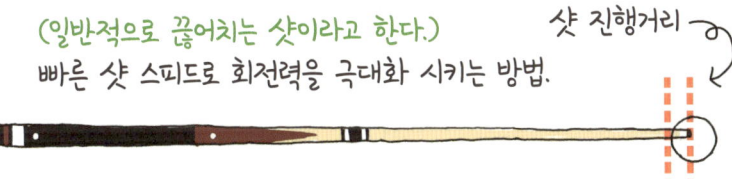

< 표준 밀어치기 샷 >

일반적으로 가장 많이 사용되며
느린 샷 스피드로 큐볼을 굴려주는 방법.

짧게 밀어치는 샷은 다음의 배치도에서 그 능력을 뽐낸다.

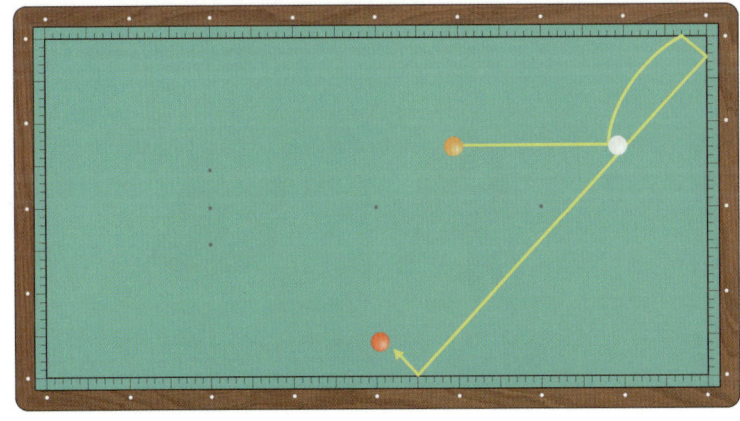

나쁜 샷이란 없다. 단지 형태에 따른 공략방법이 틀렸을 뿐이다. 샷의 특성을 제대로 파악한다면 배치에 딱딱 맞는 공략방법을 얼마든지 찾을 수 있을 것이다.

약간의 하단성향 당점은 밀림현상을 억제시키는 맞춤형 처방전인 것이다!!

주의사항: 하단성향 당점을 너무 많이 사용하면 오히려 안쪽으로 휘어들어갈 수 있으므로 주의할 것.

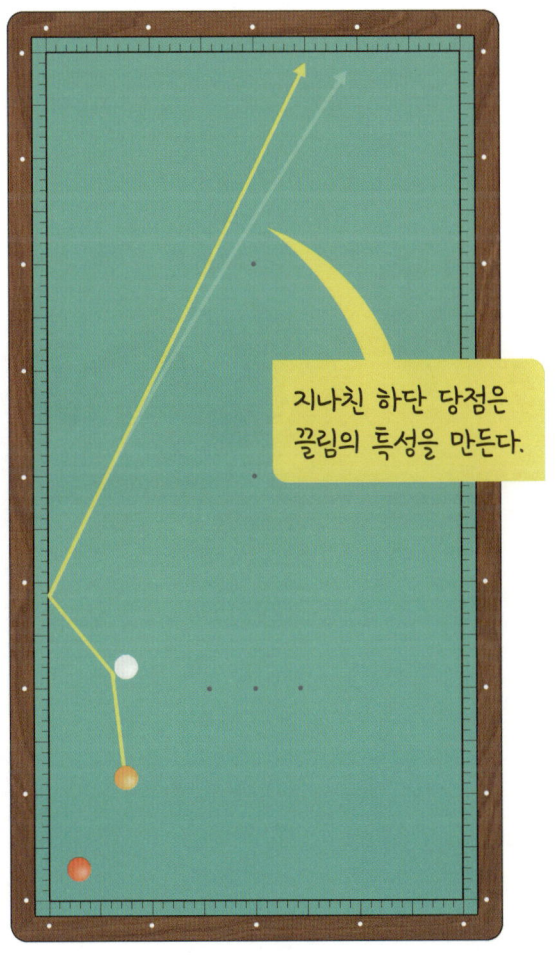

지나친 하단 당점은 끌림의 특성을 만든다.

3) 두께

마지막으로 세 번째 중요한 요소는 두께이다.

제1형태의 득점진로는 사실 큐볼을 제1쿠션 근처로만 보내주면 거의 유사하게 만들어진다. 조금 짧거나 조금 길어도 득점할 수 있는 빅 볼(Big Ball)의 형태이기 때문이다.

바로 이 빅 볼의 형태가 플레이어에게 적당한 두께로 겨냥해도 충분하다 속삭이는 것이다.

제1형태

《 제1형태 》

제1형태를 정확히 공략했다면 제1목적구는 아래의 동선을 그리게 된다.

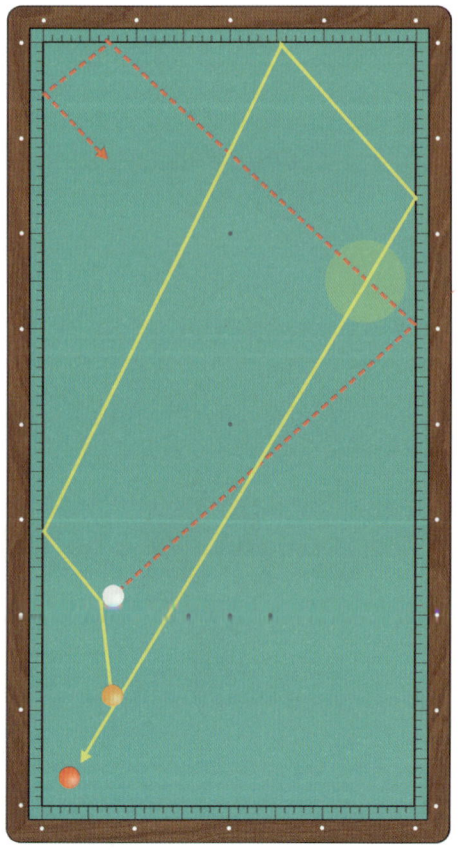

위의 전개도를 보면 제1목적구와 큐볼의 진행경로에는
키스가 발생할 수 있는 교차점이 하나 있다. (동그라미 영역)
그렇다면 위의 상황은 키스가 나는 것일까? 안 나는 것일까?
아슬아슬하지만 키스는 나지 않는다.

제1목적구가 첫 번째 쿠션에 도달하는 동안 이미 큐볼은
3개의 쿠션을 모두 터치한 후 키스 위험지역까지 통과한 후
제2목적구를 향해 신 나게 내려오고 있기 때문이다.

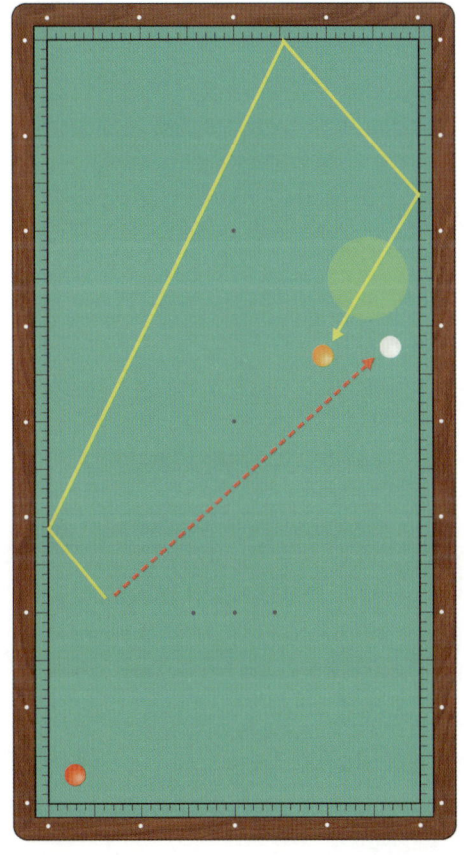

초심자가 이해하기 까다로운 부분이 이 부분이다.
똑같이 출발한 두 공이 어째서 다른 하나의 공이 더 많은
거리를 진행하는 것일까?
그 비밀은 두께에 있다.

제1형태의 두께 설정은 약 1/4두께로 얇은 두께이다.

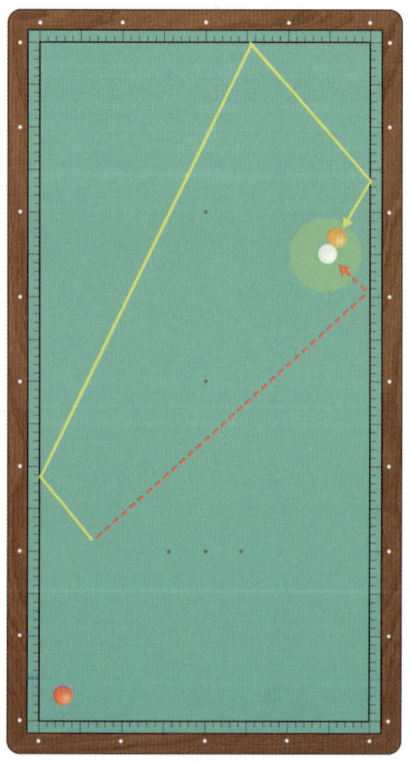

이 두께에서는 제1목적구에 전달되는 충격량이 그리 크지 않아
제1목적구 진행속도는 비교적 느릿하다.
반대로 짧고 빠른 샷의 특성으로 강한 회전력까지 실린 큐볼은
그 속도가 아주 빠르다.
제1목적구보다 몇 배는 더 빠르다.

    간혹 완벽하게 공략했음에도 키스가 나는 이유는 생각보다
    큐볼의 속도가 느려 위험지역을 미처 빠져나오지 못했기 때문이다.

결국 아무리 완벽하게 공략하더라도 키스의 위험이 존재한다는 것이다. 그럼에도 이렇게 공략하는 이유는 다름 아닌 포지션 때문이다. 제1목적구를 동그라미 영역에 위치시킨다면 득점 이후 또다시 뒤돌리기 배치가 되는 것이다. 그리고 또 고점자는 정확하게 그 위치에 제1목적구를 세워 놓는다.

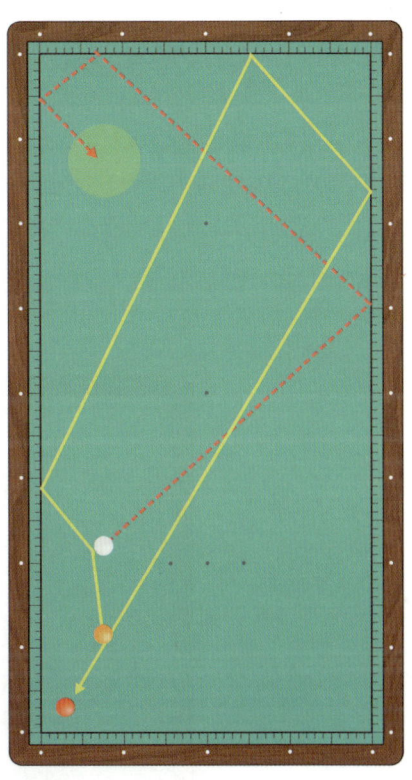

≪ 키스가 가장 많이 나는 상황 ≫

두께가 조금 더 두꺼워질 때이다.
1/4두께를 넘게 되면 제1목적구가 향하는 방향은
ⓐ지점보다 위쪽이 된다. 큐볼의 진행경로 쪽으로
아주 가깝게 다가오게 되므로 키스를 절대 피하기 어렵다.

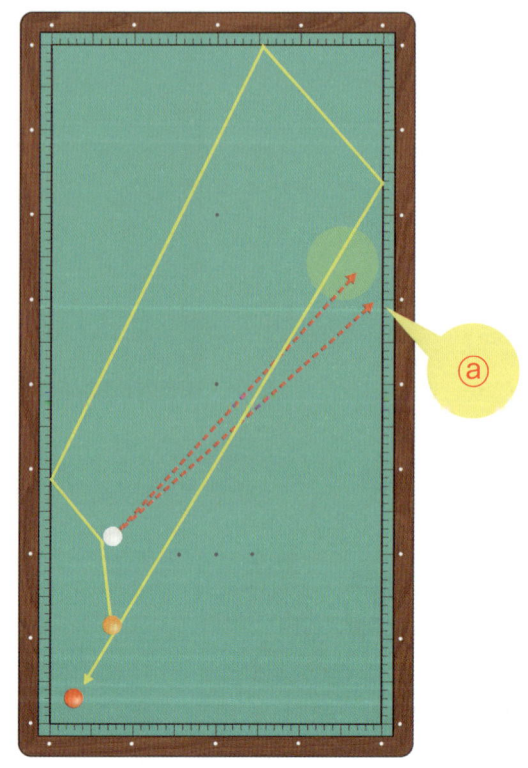

≪ 완벽하게 키스를 피하는 방법 ≫

포지션 그딴 거 필요 없어!!
무조건 키스만 뺄 수 있었으면 좋겠어!!

내 말이..

라고 생각한다면 1/4두께보다 얇게 겨냥하면 된다.
두께가 얇아질수록 제1목적구의 속도는 더욱 느려질 것이고
그 동선도 좀 더 아래쪽이 되어 완벽하게 키스가 빠진다.

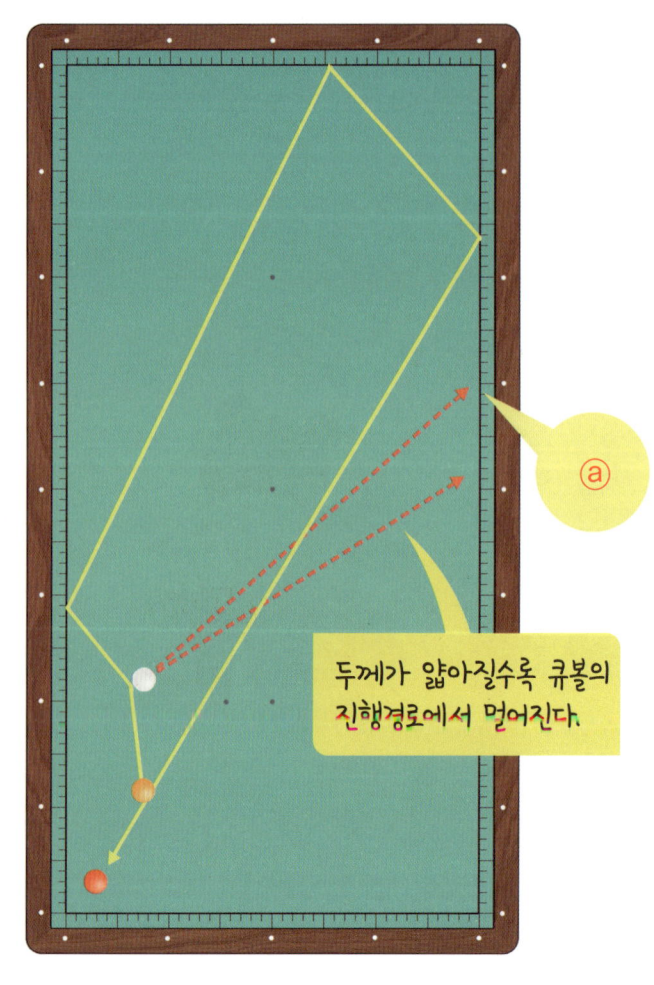

어쩌면 이 방법이 초심자에게 가장 현실적일 수 있다.

다만 이때는 당점 조절과 샷이 아주 중요해진다. 두께가 얇아지면 제1목적구의 반발력도 그만큼 작아져 득점에 필요한 분리각 만들기가 쉽지 않다.

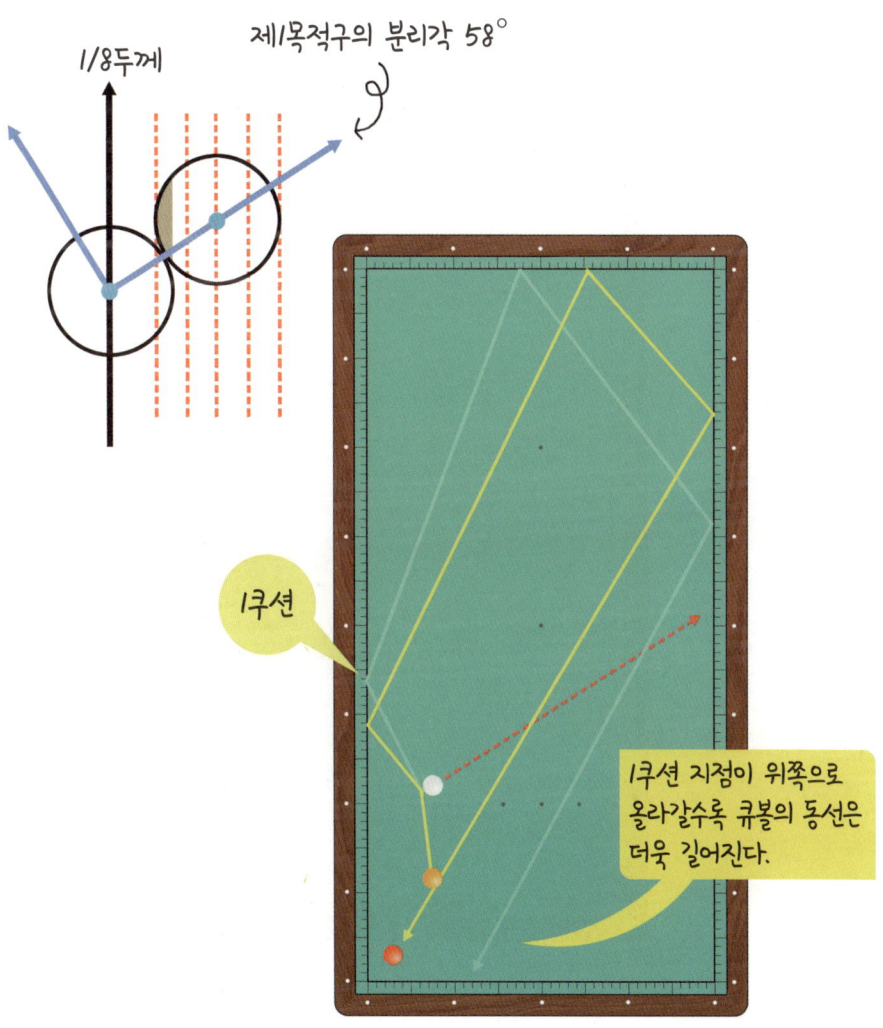

5시 방향의 당점을 사용하여 부드럽게 끌어보자.
매우 아름다운 샷이 될 것이다.

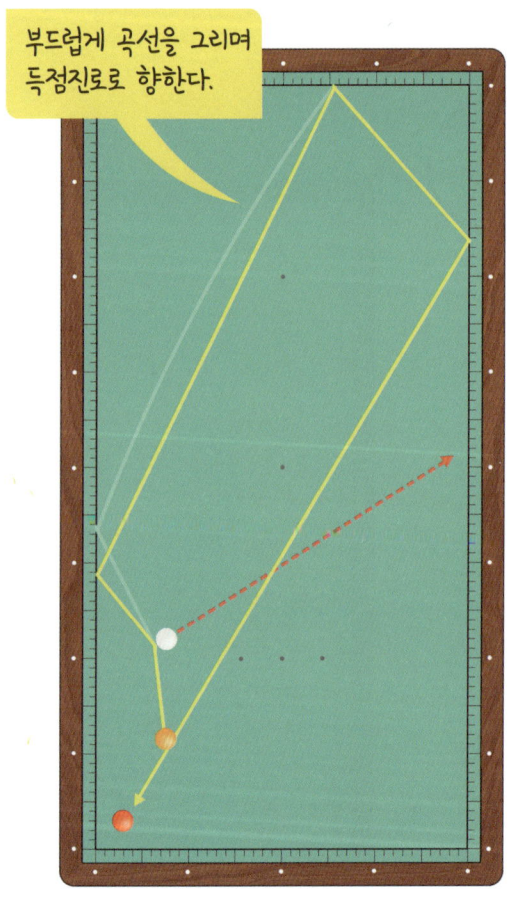

뒤돌리기 제1형태에는 이처럼 다양한 공략방법이 숨어 있다.
당점의 이해와 두께에 따른 제1목적구의 동선을 충분히 파악한다면
유사한 뒤돌리기 배치에서 보다 더 득점력을 높일 수 있을 것이다.

제2형태

≪ 제2형태 ≫

제1목적구는 제1형태에서 1포인트 더 위쪽으로 올라간
약 3.5포인트에 위치해 있다.
먼저 올바른 득점진로부터 살펴보자.

어떤 특별한 샷의 변화를 주지 않고 부드럽게
밀어치기 샷으로 구사할 때 만들어지는 이상적인 득점진로이다.

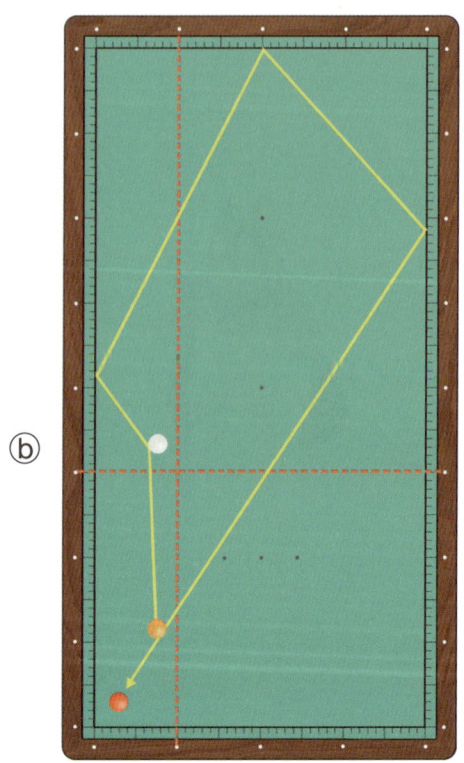

아직 설명할 단계는 아니지만 아래의 득점라인은 **파이브 앤 하프 시스템**(Five & Half System)이라는 시스템 라인을 그리고 있다.

파이브 앤 하프 시스템 라인

왠지 느낌이 좋다.
어쩌면 제2형태는 우리에게
뒤돌리기의 가장 기본이 되는
공략방법을 들려주려는 것일까?
따뜻한 커피 한 잔 준비해야겠다.

≪ 부드럽게 밀어치는 샷 ≫

제2형태와 같은 뒤돌리기를 구사할 때 고점자는 말한다.

"눌러줘~"

초심자는 곤혹스럽다. 대체 뭘 누르라는 것인지.
굴러가는 공을 쫓아가서 밟아주라는 건지.
잡아서 쥐고 뜯으라는 건지..

여기 버튼이 하나 있다.

이 버튼은 반발력이 아주 강하다.
웬만한 힘으로는 까딱도 않는다.

약이 오른 늑대군은 버튼을
광속으로 눌러버리기로 마음먹었고

이를 위해 버튼과의 거리를 정확히 계산한 후
번개처럼 찍고 바람처럼 손가락을 빼내기로 계획했다.
계획은 완벽했다!!

42. 제2형태

왜냐하면 타이밍이 0.1초라도 어긋난다면 손가락이 부러지고 말테니까.

계획만 완벽했다.

이것은 아주 짧고 빠른 샷이다.

반대로 버튼에 손가락을 대고 천천히 힘을 주면서 쑤욱~ 끝까지 눌러준다면 반발력이 아무리 강한 버튼이라도 어렵지 않게 눌러진다.

부드럽고 길게 밀어주는 샷이다.

3구에서 사용되는 공의 크기는 약 61.5mm이며 쿠션의 높이는
약 38mm이다. (국내식 일반 중대의 경우)

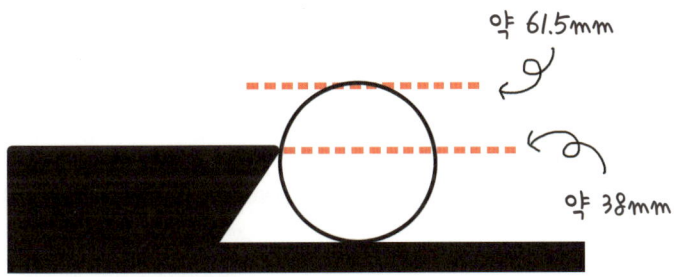

큐볼의 크기와 쿠션의 높이, 그 둘 사이의 관계는 아주 심플하다.
단지 충돌하고 튕겨내는 관계일 뿐.

그런데 여기에 큐가 끼어들면 난데없이
삼각관계로 발전하는데.

이제 큐의 각도를 살펴보자.
큐의 앞쪽은 당점의 높이에,
큐의 뒤쪽은 쿠션의 높이에 맞혀진다는 것이다.

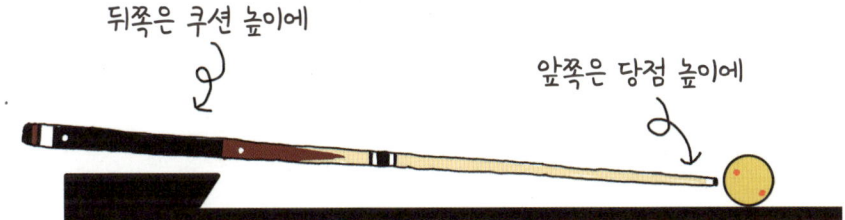

여기에 샷을 할 때 손이 지날 수 있는 공간까지 필요해진다면
큐의 뒤쪽은 더욱 들려질 수밖에 없다.
쿠션의 높이가 샷의 궤적에 영향을 주고 있는 것이다.

이 상태에서 샷을 한다면 샷의 진행궤적은 필연적으로 큐볼을
위쪽에서 아래쪽으로 찍어 누르는 궤적이 될 수밖에 없는데

샷의 진행궤적은 반드시 수평이 되도록 해야 한다는 것은
샷의 기본!!

그럼 위의 샷 궤적 정체는?

"완벽한 수평 샷이다!!"

이전에도 언급했지만 당구에는 함정수가 참 많다.
샷의 궤적 또한 함정수인 것이다.

당구에서 의미하는 샷의 수평이란 테이블을 기준으로 하지 않는다.
준비 자세에서 당점을 겨냥했을 때의 큐의 각도와
샷을 한 후 멈춘 각도가 동일할 때 이를 수평 샷이라고 한다.
만약 임팩트 후 큐의 각도가 아래로 내려간다거나 올라간다면
이는 수평 샷이 아니며 다운 샷(Down Shot), 혹은 업 샷(Up Shot)이다.

이쯤에서 고점자가 말하는 "눌러줘라"의 의미를 짚어보자.
3구를 잘 치는 고점자는 4구 또한 굉장한 고수. 핸디 4~500은 기본이랄까!!
4구의 백미는 무엇일까? 모아치기이다.
두 개의 목적구는 마치 그 속에 자석이라도 품은 것 마냥 끊임없이 붙어 다닌다.

떨어뜨리는 방법을 모르는 것 같다.

한 번 시작되면 한 큐에 게임이 끝장나버리는 그들만의 놀라운 기술!!
다운 샷은 바로 이 모아치기 기술을 구사할 때
그들이 사용하는 아주 특별한 샷이다.
물론 3구를 칠 때 역시 그들은 이 다운 샷의 특성을 멋지게 활용한다.

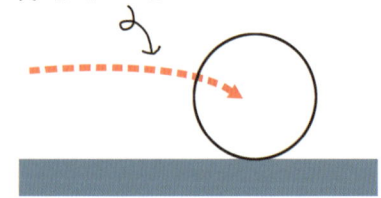

큐볼을 아래쪽으로 살짝
누르듯 임팩트시킨다.

지옥도의 혹독한 훈련과 기둥뿌리 뽑아 충당한 게임비 속에서 채득된,
때로는 비틀며 때로는 휘돌리는 그들만의 멋진 춤사위인 것이다!!

왕년에 눈물 젖은 삥
안 먹어 본 놈 있어?

스포츠는 다양성의 축제이다.
만약 모든 이들이 똑같은 폼으로 똑같은 샷을 구사한다면 보는 관중은
아무런 흥미도 재미도 느끼지 못할 것이다.
차가운 안드로이드의 몸짓을 평생 구경하고 싶은 이는 아무도 없을 테니 말이다.
그들이 구사하는 샷은 오직 그들만의 것이다.
몇 마디 조언만으로 이를 이해하고 흉내 내기란 별을 따는 일과 같다.
초심자에게 가장 적합한 샷은 오직 "수평 샷" 한 가지뿐이다.
그리고 그 수평 샷의 정점에는 모든 감각적 샷을 뛰어넘는
놀랍고 경이로운 비밀의 힘이 숨어 있다!!

정도는 언제나 마도를 능가한다!!
수평 샷!! 정도를 정복하자!!
마도를 물리칠 비기를
얻게 될 것이다!!!
정도와 마도의
한 판 대결!!
서막 오르다!!

≪ 특별부록: 부드럽게 굴려주는 샷 만들기!! ≫

초심자의 샷 특성은 빠르기이다.
예비 스트로크에서부터 본 스트로크까지 모든 것이 빠르다. 왜 그럴까?
당연히 기술적 부분이 부족한 때문도 있겠지만 그보다는 자신이 구사하는
샷에 대한 불신감이 더 크게 작용하고 있는 것은 아닐까?
자신의 회전력이 얼마만큼 작용하는지, 제대로 주고는 있는지 도무지
믿음이 가지 않는 것이다. 이런 생각들이 자꾸만 샷을
빠르고 강하게 치게 만드는 원인이 되고 있는지도 모르겠다.
되든 안 되든 자신의 샷을 믿는 것부터 시작하자!!

믿음이 부족하다니까~

먼저 가벼운 아령을 하나 준비하자.
(꼭 아령이 아니어도 적당히 대신할 만한 것이면 무엇이든 상관없음.)

팔의 근육에 부담을 주지 않는
가벼운 무게로 선택할 것.

이런 거 절대 안 됨!!

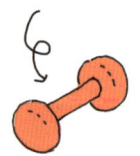

① 아령을 손바닥 전체를 사용하여 펌 그립 형태로 빈틈없이 잡는다.

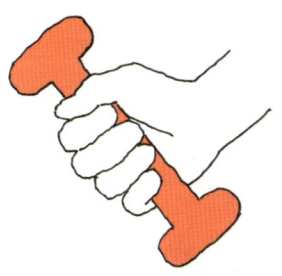

② 팔을 아래쪽으로 내려 준비 자세를 취한다.

③ 자신의 가슴높이까지 천천히 들어올린다. 이때 손에 힘이 들어가면 절대 안 되며 팔의 근육만을 사용해서 아주 천천히 들어올려야 한다.

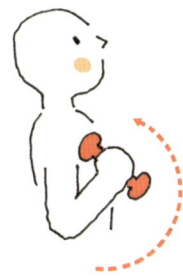

④ 들어올릴 때의 속도와 똑같은 속도로 내려준다.

⑤ 지쳐워질 때까지 반복한다.

이 연습의 목적은 두 가지이다.
첫 번째는 스트로크의 속도를 줄이는 것이고 두 번째는 손이 아닌
팔과 어깨를 사용한 스트로크를 만들기 위함이다.
부드럽게 밀어치는 샷은 손목이 아닌 팔을 사용하기 때문이다.

두 번째 방법은 약간 코믹스럽지만
그 효과만큼은 굉장할 것이다.

큐를 이용한 스트로크 연습에는 한계가 있다.
엎드린 자세에서 모든 걸 확인할 수 없기 때문이다.
스트로크의 진행방향은 인지할 수 있지만 샷의 속도와 진행거리,
그리고 가장 중요한 샷이 멈출 때의 떨림 정도를 판단하기가 쉽지 않다.
어느 부분이 얼마만큼 잘못된 건지 알 수 없어 연습도 잘 안 되고
금방 지치고 만다.

어깨만 아프고
느는 걸 모르겠엉..

뇌의 자각 능력은 다른 어떤
감각기관보다도 눈으로 직접
목격한 상황에 가장 빠르게 반응한다.
자신의 샷의 문제점을 자신의 눈으로
직접 확인할 수 있다면 우리의 뇌는
좀 더 빨리 팔의 운동뉴런들을
재정비할 것이다.

지금부터 소개할 연습방법은 청소용 밀대의 대 부분을 활용한 연습방법이다.
가격도 아주 저렴해서(만 원도 안 됨) 부담도 없으며 연습대용품으로는 최고라는 것.

(실제로 곰은 3구전용 개인 큐를 가지고 있으면서도 밀대로 연습함.)

아라야, 이것이 뭐다니?

마도를 물리칠 비기를 개발하는 중이라니~

플라스틱 소재로 만들어진 밀대는 당구 큐대보다 아주 가볍다.
지금까지 익숙해 있던 샷 감각을 바꾸기엔 안성맞춤.

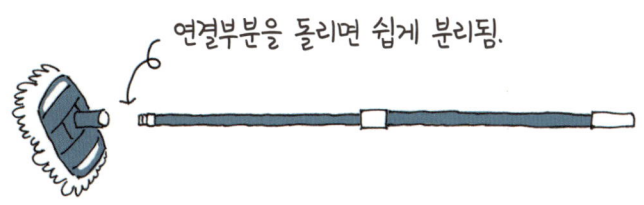

연결부분을 돌리면 쉽게 분리됨.

연습에 앞서 한 가지 작은 준비과정이 필요하다.
중간지점의 연결부분을 움직여 앞쪽 상대가 위아래로
조금씩 흔들릴 수 있도록 해두어야 한다.
이 부분이 이 연습이 가지는 가장 큰 핵심이기 때문이다.

상대부분이 위아래로 조금씩
꺾일 수 있어야 한다.

자, 준비가 되었다면 평소와 똑같은 느낌으로 샷을 해보자.

**샷을 할 때 반드시 시선을 밑대의 연결부분에 고정시켜
이를 계속 바라보면서 샷을 할 것.**

이제 당신은 샷이 멈추었을 때 격렬히 흔들리는
그 뭔가를 목격하게 될 것이다.

한눈팔지 마!!

연결부분의 결속력을 약하게 만들었기 때문에
아주 작은 그립의 변화에도 민감하게 반응한다.

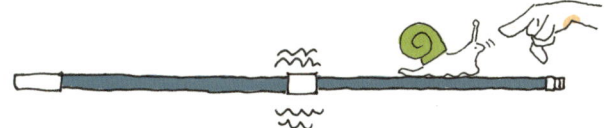

흔들림이 심할수록 샷의 속도가 빠르다는 것이며
임팩트 순간 그립으로 큐를 움켜쥔다는 증거이다.

이, 이것이
내 샷의 정체??

놀랍게도 우리의 뇌는 이 흔들림을 계속 목격하는 것만으로도
스스로 그 문제점을 찾아 팔의 운동감각을 맞출 것이다.
연결부분이 눈곱만큼도 떨리지 않을 때까지 연습해보자.

천천히, 더 천천히!!
손가락 하나도 까딱거리면 안 돼!!

마침내 곰은
각성하는 걸까요?
두그 두그~

가벼운 아령 들기와 샷이 떨리지 않도록
연습을 꾸준히 한다면
당신의 샷은 몰라보게 안정될 것이다.

부드럽게 밀어치는 샷이 웬만큼 안정되었다면
제2형태의 득점진로는 별난 기술 없이도 쉽게 만들어진다.
정작 이 형태에서 고민해야 할 것은 키스를 해결하는 일이다.

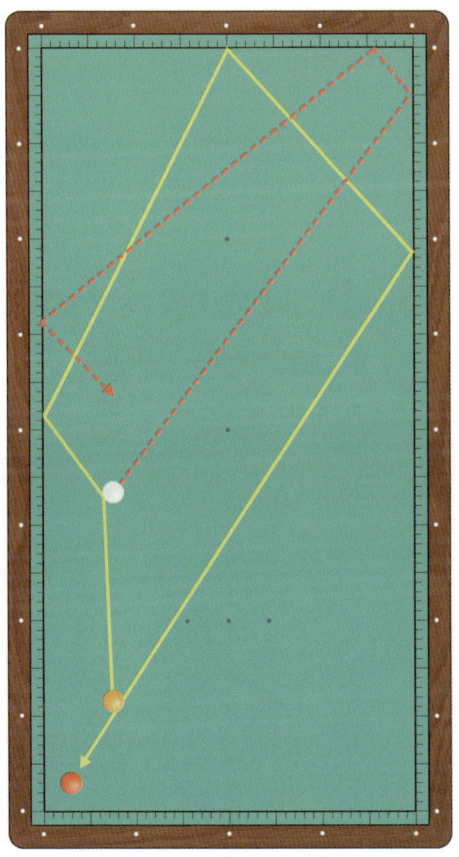

제2형태를 공략하기 위한 당점은
3시 방향 3팁이며

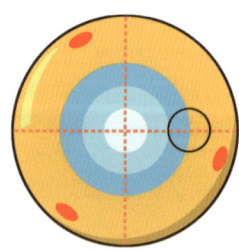

두께는 제1형태보다 조금 더 두꺼워진 약 1/3두께이다.

제1목적구의 분리각 42°

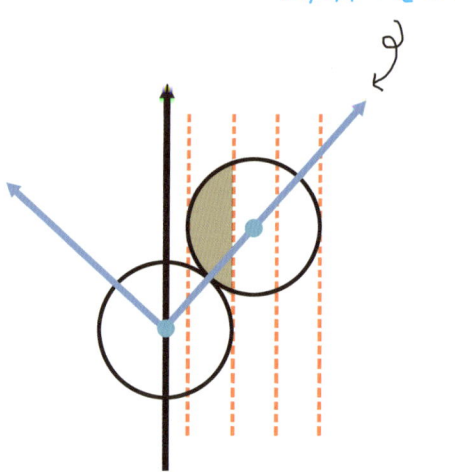

두께가 두꺼워질수록 제1목적구의 분리각은 좁아진다.
제1형태와 비교해보면 그 차이를 쉽게 알 수 있다.
만약 제1형태에서와 같은 1/4두께를 설정했다면
전개도에서 보는 것처럼 호랑이에게 먹이를 던져준 꼴이다.
때문에 이를 해결하기 위해서는 좀 더 두꺼운 두께로
제1목적구의 동선을 최대한 장축 코너 쪽으로 올려줘야 한다.

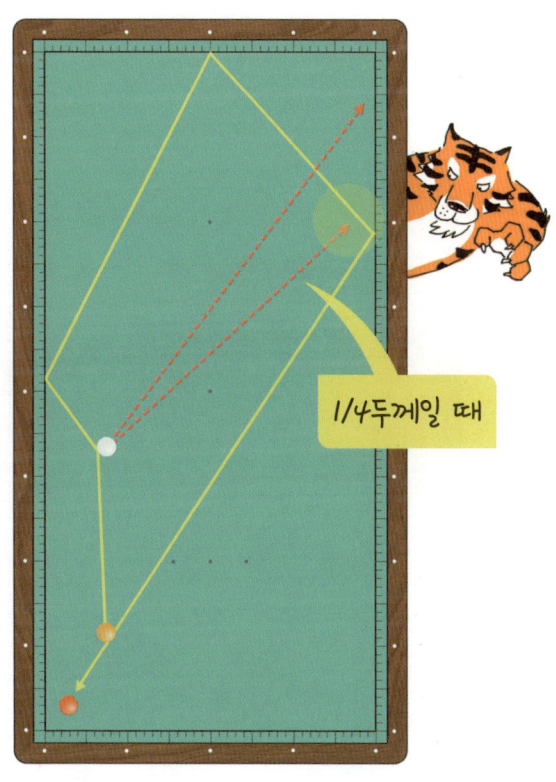

완벽한 두께 설정에 실패하더라도 1/4두께만 넘는다면 아주 약간의 여유는 있다. 하지만 그마저도 외줄타기만큼 아슬아슬해서 심장에 좋지 않다.

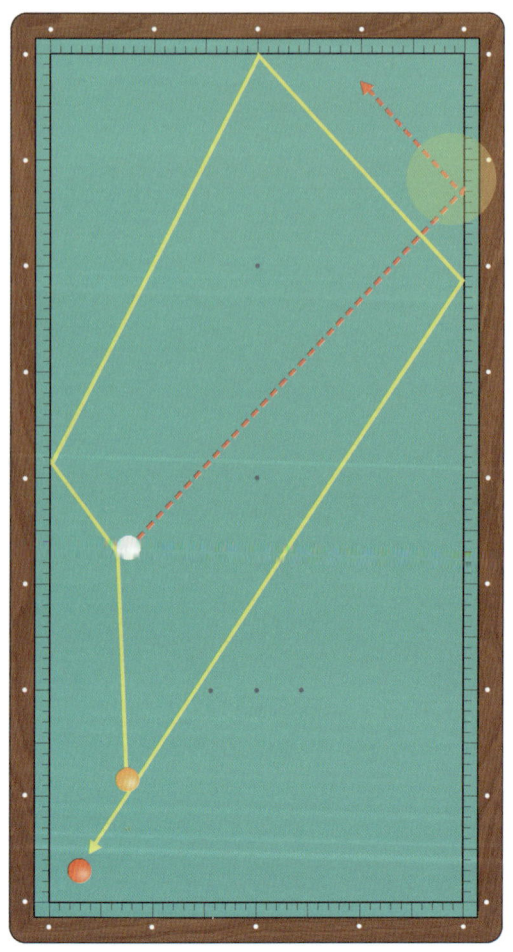

≪ 예상치 못한 결과 ≫

예민한 두께 설정이 힘들어 적당히 편한 두께로 친다면
자칫 제1목적구는 장축이 아닌 단축 코너 쪽으로 향하게 되는데
이것은 전혀 예상치 못한 상황을 연출한다.
제1목적구는 코너를 돌아 제2목적구를 향한 진격의 나팔을 울린다.

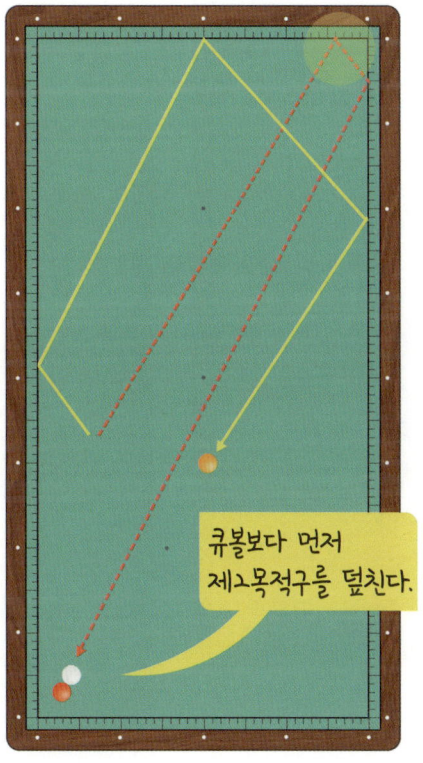

큐볼보다 먼저
제2목적구를 덮친다.

≪ 제2형태 키스타이밍 완벽 이해하기 ≫

① 1/3두께로 분리된 제1목적구와 큐볼은 거의 비슷한 속도를 보이며 큐볼은 단축 쪽으로, 제1목적구는 장축 코너 쪽으로 향한다.

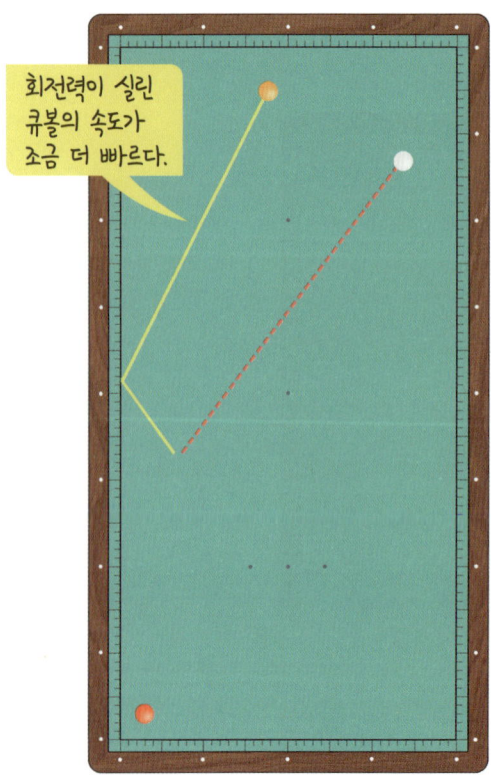

회전력이 실린 큐볼의 속도가 조금 더 빠르다.

② 제1목적구가 코너를 돌아 위험지역으로 내려오기 전에 큐볼이 먼저 빠져나온다.

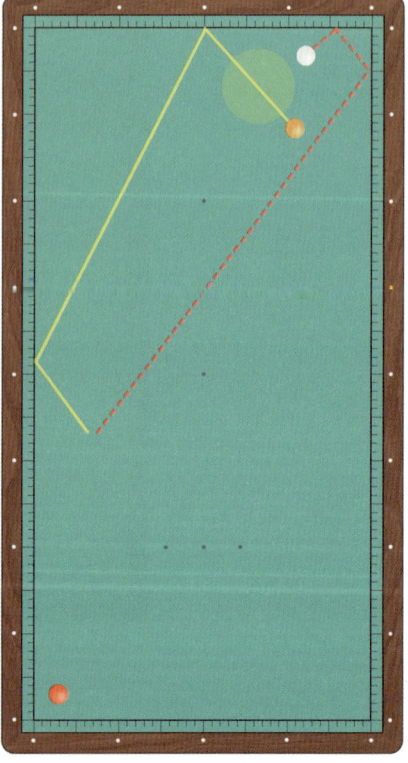

남은 것은 지긋지긋하게 따라붙던
마귀와의 고별식뿐이다.

제3형태

≪ 제3형태 ≫

1목적구가 위쪽으로 좀 더 올라가 약 3포인트 지점에 위치해 있다. 이 형태에서 가장 먼저 생각해야 할 것은 무엇일까?
제1목적구와 큐볼의 거리이다.

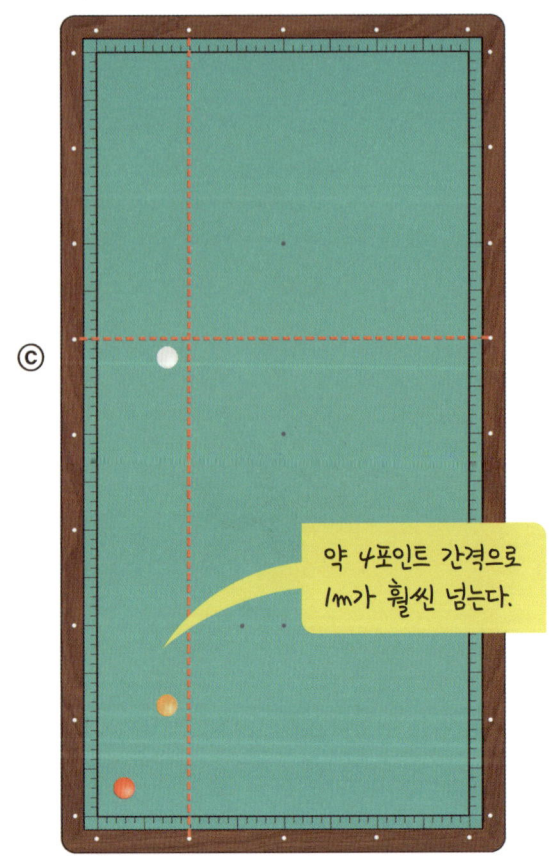

약 4포인트 간격으로 1m가 훨씬 넘는다.

제1목적구를 향해 가는 큐볼에 예상치 못한 변수가 작용하게 되는 거리인 것이다.

첫 번째는 당점에 의한 스쿼트현상이며
두 번째는 큐볼이 긴 거리를 진행하면서 만들어내는 제2의 힘 구름관성이다.

위의 두 가지 변수를 염두에 두고 득점진로와
그에 따른 공략방법을 살펴보자.

사용 당점은 2시 방향 3팁이며

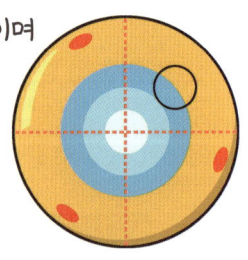

두께는 이전 제2형태보다
조금 더 두꺼워진 1/2두께이다.

제1목적구의 분리각 30°

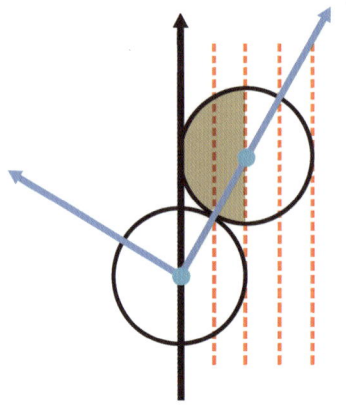

《 스쿼트를 감안한 두께보정 》

제1목적구가 멀어질수록 회전 당점은
거의 모든 상황에서 스쿼트를 만든다.
때문에 자신의 스쿼트 보정치에 따른
두께보정을 꼭 해주어야 한다.

보정 전   보정 후

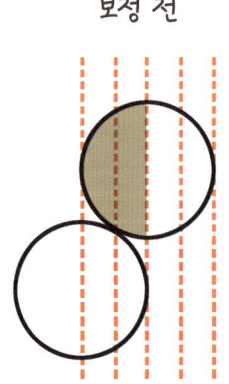   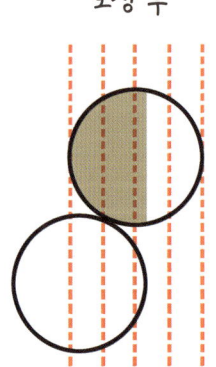

ⓐ의 동선을 보자.
거리에 부담을 느껴 지나치게 강하게 쳤을 때 짧게 형성되는 전형적인 동선이다.
강한 임팩트에 의해 분리각이 커지는 것도 문제겠지만 쿠션 역시 반발한다는
사실을 인식하지 못하고 있다는 뜻이므로 곤란하다.

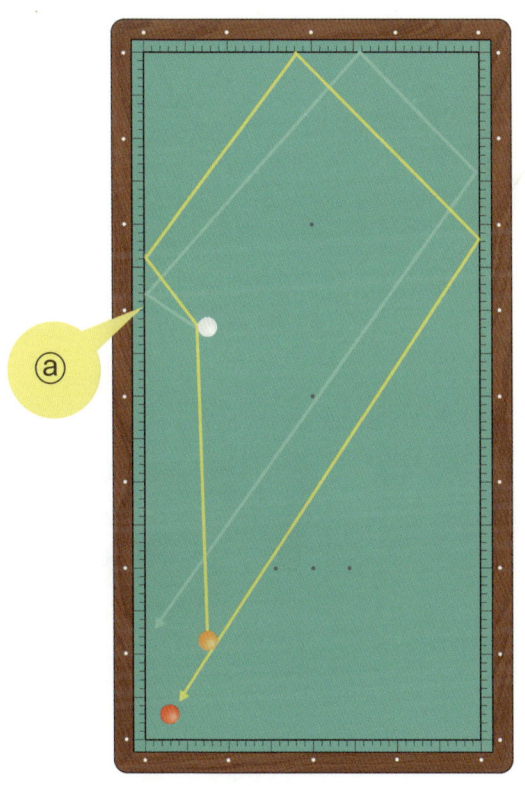

이 상황을 연출했다면 샷의 속도를 줄여보자.
그래도 안 된다면 임팩트 순간 그립을 잡지 말고 반대로 풀어버리자!!

≪ 피싱 샷(Fishing Shot)!! ≫

강태공은 자신이 원하는 지점에 정확하게 미끼를 떨군다.
그 모습은 마치 먹이를 발견한 백로의 몸짓처럼
우아하면서도 예리하다.

때마침 등장하는 초보낚시꾼.

열심히 떡밥 매달아 투척.

떡밥 공중 폭발!!

그들은 지금 새로 나온
떡밥 폭죽놀이 중.

강태공의 비기를 슬쩍 들여다 보자.
떡밥을 매단 줄을 잡아당겨 낚시대를 적당히 휘어지게 만든다
이때 오른쪽 손은 낚시대가 튕겨지지 않도록 그립을 단단히 쥔다.

낚시대 끝을 수면과
아주 가깝게 위치시켜 줌

단단히 쥐고 있음

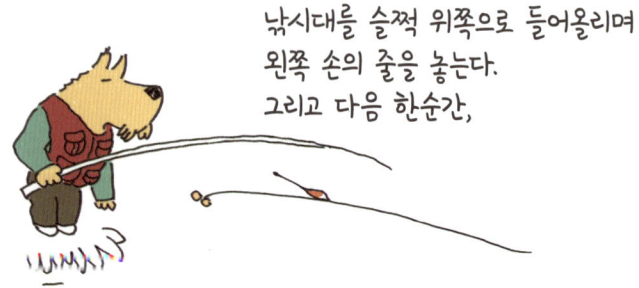

낚시대를 슬쩍 위쪽으로 들어올리며
왼쪽 손의 줄을 놓는다.
그리고 다음 한순간,

떡밥이 낚시대의 끝부분에 다다르는 그 순간
강태공의 눈빛이 번쩍였다.

마치 기다리고 있었다는 듯
강태공은 그립을 잡은
오른쪽 손의 힘을 완전히 빼준다.

자신의 운명초차 낚시대와 떡밥에게
건내어준 강태공. 떡밥은 알고 있는 것일까?
너무나도 아름다운 곡선을 그리며 강태공이
원하는 그곳으로 사뿐히 사뿐히 즈려 앉는다.

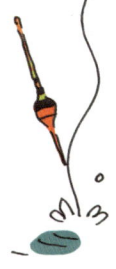

저 노인네..
우리가 자객인 걸
어떻게 알았을까요?

무림에 숨은 고수가
널렸다는 거지.

이렇다 굶어 죽겠어요,
우리 업종 변경신청해요.

: 내 말이.

43. 제3형태

샷의 가장 일반적인 형태는 백스윙의 정점에서 손바닥을 큐에서 살짝 뗀 상태로 출발시켜 임팩트 순간 큐를 움켜쥐는 형태이다. 이를 샷의 제1형태라고 할 때 매순간 달라지는 다양한 형태들의 공략에 대해 오직 제1형태 한 가지 만으로 대응하기에는 분명 그 한계가 있을 수밖에 없다.

시속 160km의 어마어마한 강속구 투수도 달랑 그 구종 하나만으로는 결코 타자를 압도할 수 없는 것과 같은 것이다.

달랑 요거 하나만 노리면 되는 거니까!!

마침내 우리에게도 제2의 비밀무기를 장착할 때가 온 것이다. 다름 아닌 샷의 제2형태 강태공의 비기 피싱 샷(Fishing Shot)!!

① 브리지의 거리, 그립 위치 등은 다음과 같이 설정해줄 것.

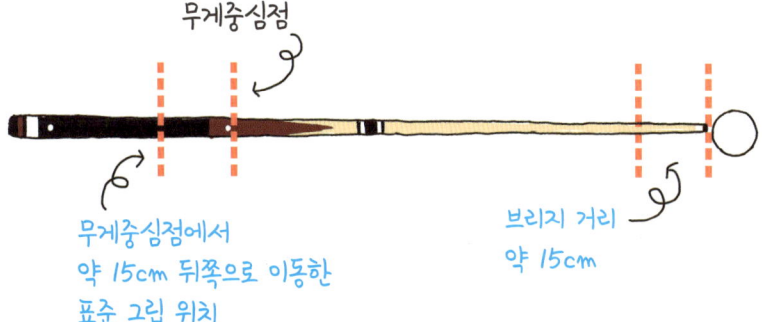

주의사항!!
그립을 표준 그립 위치보다 더 뒤쪽을 잡게 되면 백스윙의 폭이 그만큼 더 늘어나게 되어 스트로크 동작 중 롤러코스터현상(roller coaster)을 만듦으로 좋지 않다.

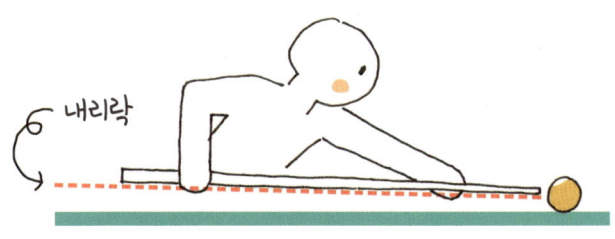

스트로크를 불안정하게 만든다.

롤러코스터현상이 심하다면 히프를 좀 더 뒤쪽으로 빼주는 것이 좋다. 히프를 뒤쪽으로 이동시켜주면 팔꿈치의 각도가 안쪽으로 들어오게 되어 백스윙의 폭이 상대적으로 줄어든다.

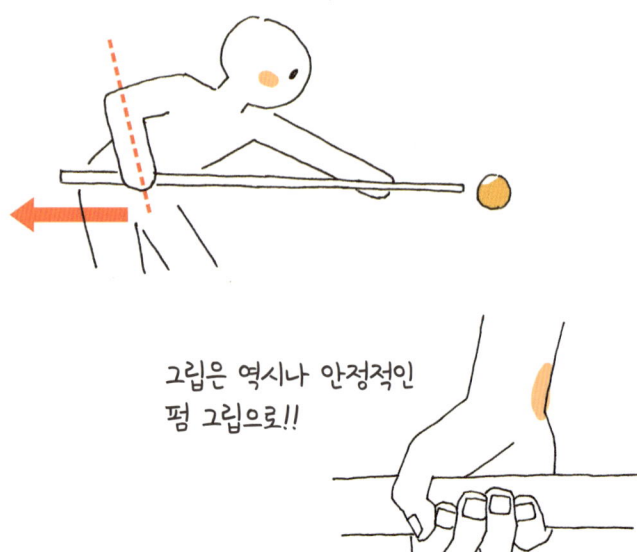

그립은 역시나 안정적인 펌 그립으로!!

② 첫 번째 예비 스트로크부터 팁이
브리지 끝에 닿을 수 있도록 최대한 당겨줄 것.

끝까지 당겨준다.

샷의 진행거리를 처음부터 팔의 감각에 입력시켜주면 샷의 속도를 증가시키는 데 좀 더 유리하다.

③ 예비 스트로크를 끝낸 후 백스윙의 정점에서부터 그립에
  힘을 가하여 메인 스트로크를 출발시킬 것, 또 그와 동시에
  그립에서 힘을 완전히 빼줄 것. (강태공의 그것처럼)

자신이 의도한 샷의 스피드가 만들어질 수 있을 정도의 힘이며
절대 무지막지한 힘이 아님.

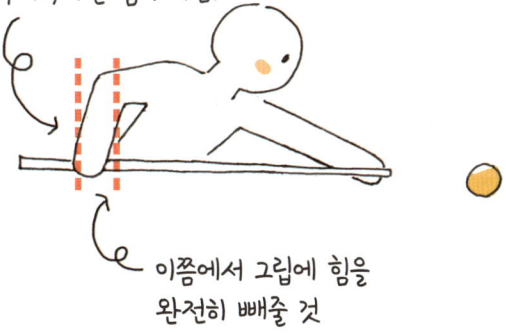

이쯤에서 그립에 힘을
완전히 빼줄 것

이때 눈에 보일 정도로 손가락이 움직여서는 절대 안 되며
그립을 그대로 유지한 상태에서 손에 힘만 빼주는 것으로 끝내야 한다.
자칫 큐의 동선이 틀어질 수 있으므로 주의할 것.

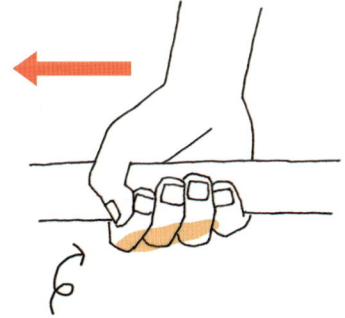

그립의 형태가 무너지면 절대 안 됨!!

새로운 무엇인가를 터득하기 위해서는 충분한
연습시간이 꼭 필요하다.
타이밍이 익숙해질 때까지 눈 딱 감고 연습하자.

이 샷은 일명 던져 치는 샷이라고도 하는데
이를 자칫 잘못 이해하게 되면
정말로 샷을 무지막지하게 던져 버리는
불상사가 생긴다.

당점도 두께도 느닷없이
엉망이 되버리고 마는 것이다.

피싱 샷(Fishing Shot)이란 나름의 명칭을 붙인 이유는 강태공의 샷을 떠올린다면 보다 그 느낌을 찾는 데 도움이 되지 않을까 해서이므로

유머러스하게 넘어가주기!!

어째서 내가 애교를 떨어야 되는데!!

내가 하면 돌 날아온다.

내가 해주랴?

이따만한 바위가 날아오지 않겠어??

《 그렇다면 피싱 샷의 효과는?? 》

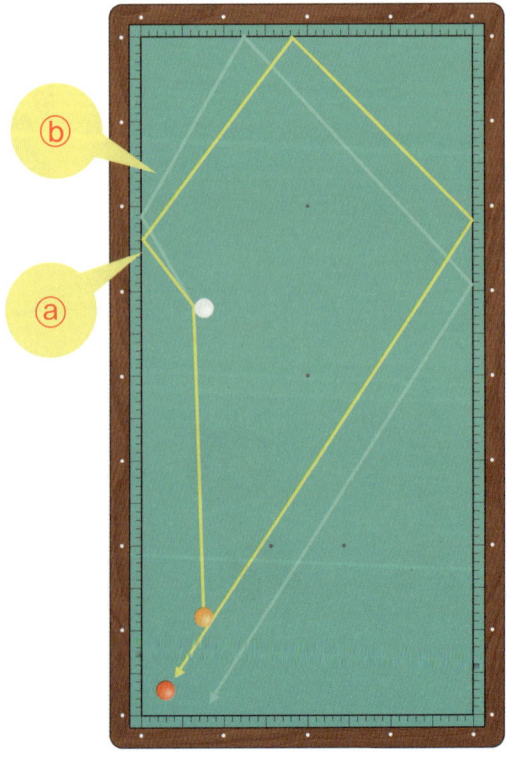

ⓑ는 부드럽게 밀어친 샷의 동선이다. 부드럽게 밀어치는
샷의 가장 큰 고민거리는 구름관성력의 제어이다.
큐볼의 진행거리가 길 때 밀림현상의 정도를 가늠하기란 정말 어렵다.
1cm 더 밀리느냐 그렇지 않느냐에 따라 득점진로는 완벽히 달라지며
그리고 또 대부분의 경우 길게 빠지고 만다.
그리고 득점진로 ⓐ는 강태공의 바로 그것이다.

임팩트 순간 그립을 움켜쥘 때 큐볼의
특성이 만들어지는 과정을 잠깐
살펴보면

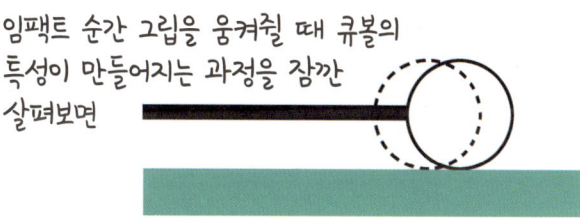

큐볼은 짧은 거리를 큐에 붙은 상태로 밀려난다.
그립을 움켜쥐면서 큐볼의 반발력을 되밀어내기 때문이다.
이때 샷이 아주 부드럽게 구사되었다면 큐볼은 직진력과 회전력을 동시에 갖는다.
그리고 이 두 힘의 밸런스는 아주 이상적이어서 제1쿠션과 제2쿠션에서
큐볼에 실려진 회전력이 반사각을 최대한 크게 만든다.

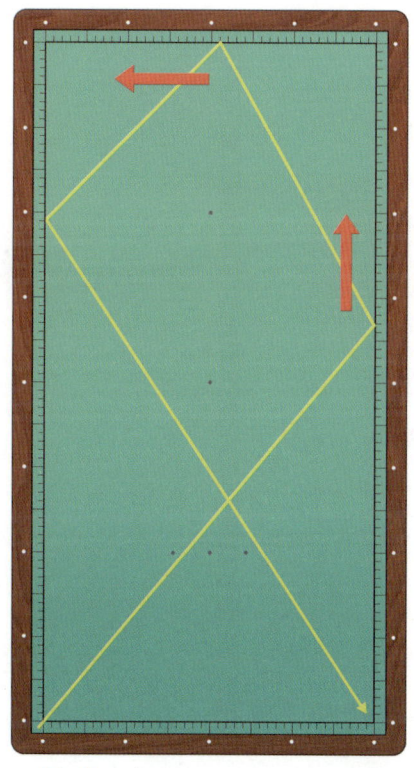

화살표: 회전력이 작용하는 방향

강하게 때렸다면 큐볼은 앞쪽으로
밀려나는 것이 아니라 바닥면의 반발력에 의해
공중으로 튕겨진다.

당연히 직진력은 떨어지게 되고 변화하려는 회전력이 더 크게 작용한다.
하지만 회전력은 쿠션의 강한 반발력에 가로막혀 미처 작용할 틈도 없이
제1쿠션에서 거의 무회전 상태로 튕겨진다. 이후 제2쿠션에서 급격히
회전력이 작용하여 큐볼의 최종진로를 아주 짧게 만든다.

노란색 선:
부드럽게 밀어쳤을 때

파란색 선:
강하게 때렸을 때

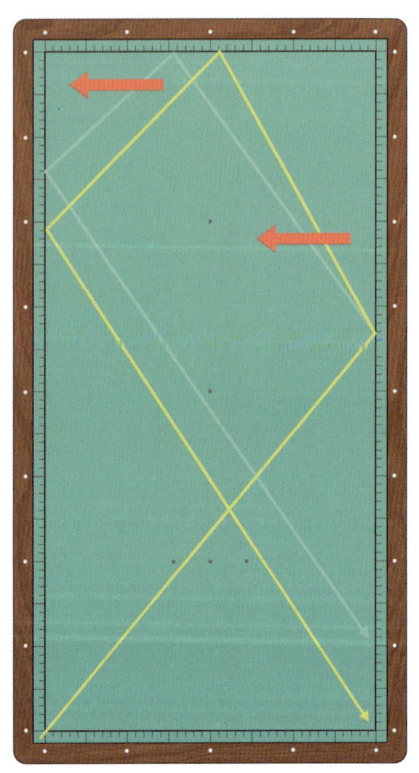

위의 두 가지 특성은 모두
그립을 움켜쥔 상태에서
임팩트시켰을 때 만들어지는
특성이다. 그렇다면 그립을
풀어준 상태에서는 어떤
특성이 만들어질까?

가장 큰 차이점은 임팩트 순간 큐볼의 반발력을 밀어내느냐
그렇지 않느냐이다. 그립을 풀어주게 되면 큐볼의 반발력을 되밀어낼 수 없다.
당연히 큐볼은 임팩트되는 그 순간 분리된다.

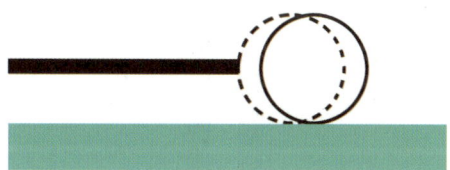

이것은 얼핏 문제가 아주 심각해지는 것처럼 느껴진다.
왜냐하면 우린 지금까지 어떡하든 그놈의 반발력을 이겨내기 위한
샷 연습을 해 왔기 때문이며 또 그래야만 큐볼의 진로가
올바로 만들어지는 것으로 믿어 왔기 때문이다.

다음의 전개도를 보자. 뒤돌리기 제3형태와 거의 비슷한 포지션이다.

당연히 득점진로도 제3형태와 마찬가지로 3쿠션으로 설정한다?

물론 정확하게 득점될 수도 있겠지만 그보다는 길게 빠질 확률이 더 높다.

긴 거리를 진행할 때 생겨나는 큐볼의 구름관성이
플레이어가 예상했던 것보다 큐볼을 조금 더 밀려나게 만든다.

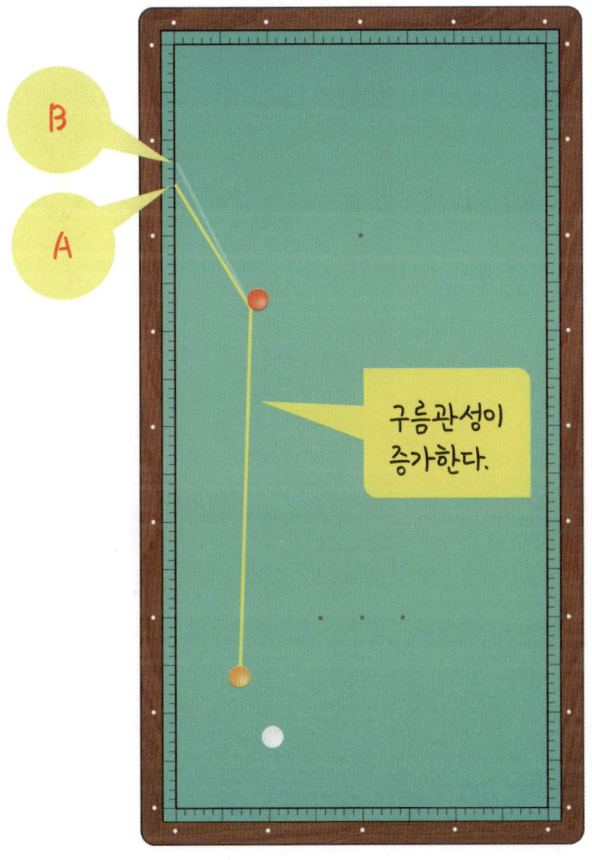

A: 예상 도착지점
B: 구름관성의 영향으로 조금 더 밀려남

때문에 제1목적구까지의 진행거리가 길 때는 3쿠션으로 공략하기보다는 처음부터 구름관성을 활용하여 4쿠션으로 길게 공략하는 것이 유리하다.

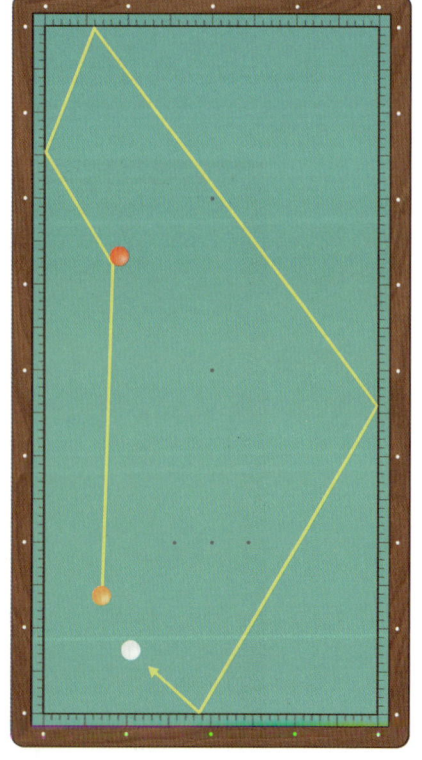

<제3형태의 핵심 포인트!!>

제3형태와 같이 큐볼이 멀리 떨어져 있을 때는 구름관성이라는 특이성으로 인하여 정상적인 두께설정치보다 분리각이 더 작아진다. 여기에 그립을 움켜쥐면서 다운 샷, 혹은 업 샷의 특성까지 추가시킨다면 회전력까지 증가한 큐볼의 득점진로는 요원해지기만 할 뿐이다. 살짝씩 길게 빠지는 이유는 이 때문이다. 반대로 그립을 풀어주면 같은 당점으로 구사했을 때 직진력과 회전력 작용이 훨씬 줄어든다. 어떤 변화의 요인도 없는 단지 샷 스피드에 의한 충격량만으로 큐볼이 출발하기 때문이다. 이렇게 출발한 큐볼은 긴 거리를 진행하더라도 아주 약간의 구름관성만이 추가될 뿐이며 밀림현상의 폭도 그만큼 줄어든다.

샷의 속도는 약간 빠른 느낌으로 경쾌하게 출발시킬 것.
(그립을 풀어주면 샷의 속도도 빨라진다.)

<제3형태에서 키스는?>

없다!! 헐~ 정말?? 완전 좋잖아!!!
그렇더라도 꺼진 불도 다시 볼 겸 꼼꼼히 짚어보자.
뒤돌리기는 배치가 약간만 달라져도 키스를 판단하기 쉽지 않기 때문에
키스가 안 나는 형태를 구분하는 것 자체만으로도
고민거리 한 가지를 해결할 수 있기 때문이다.

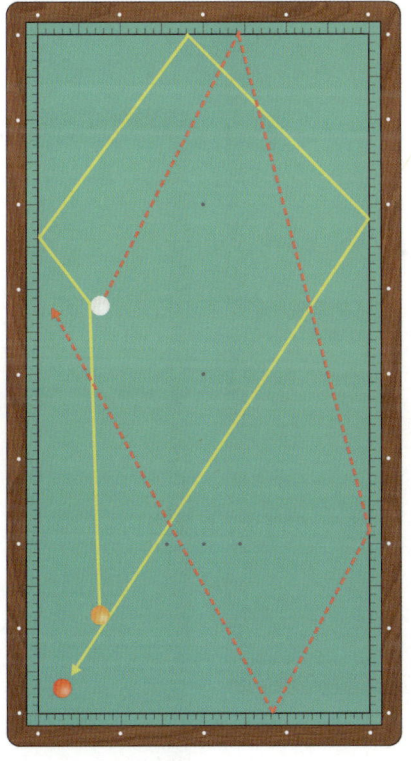

큐볼의 득점진로와 제1목적구의 진행동선은 다음과 같다.
언뜻봐도 큐볼과 제1목적구의 동선이 겹치는 부분이
무려 네 곳이나 눈에 띄지만,

43. 제3형태 139

큐볼은 회전력을 가지고 임팩트되기 때문에 미세한 끌림의 특성으로 임팩트 후 살짝 속도가 떨어진다.
반면 제1목적구는 1/2두께가 갖는 충분한 충격량으로 인해 그 진행속도가 아주 빠르다. 큐볼이 제1쿠션으로 입사하여 반사되어 나올 때 제1목적구는 이미 위쪽 단축에 도착한다.

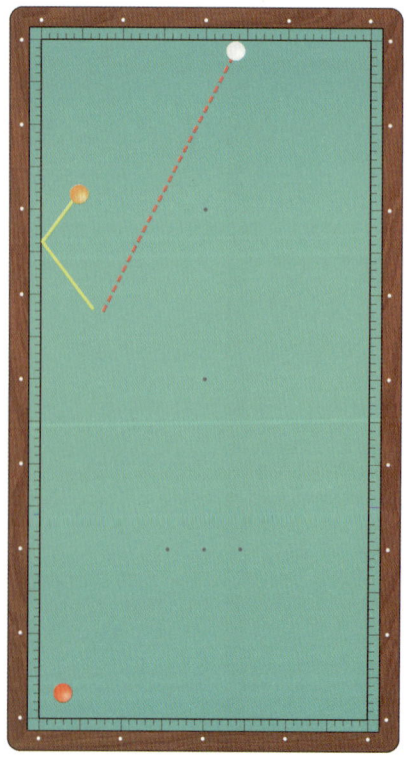

계속해서 두 공의 진행동선을 쫓아보자.

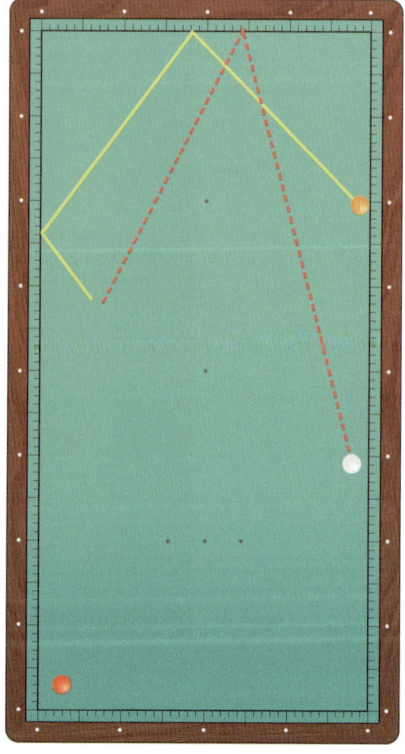

득점 순간이 코앞이다.
그런데 불현듯 스치는 이 서늘한 한기는??

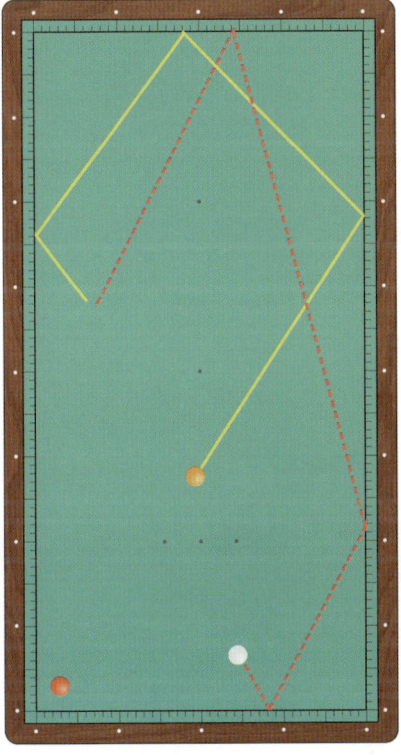

그렇다, 마지막 세 번째 교차점에서
제1목적구가 위협적으로 접근해 온다.
하지만 큐볼은 무난히 먼저 위험지역을
통과한 후가 되므로 안심하자.
(그립을 풀어 경쾌하게 보낸 큐볼은 충분히
제1목적구보다 먼저 위험지역을 통과한다.)

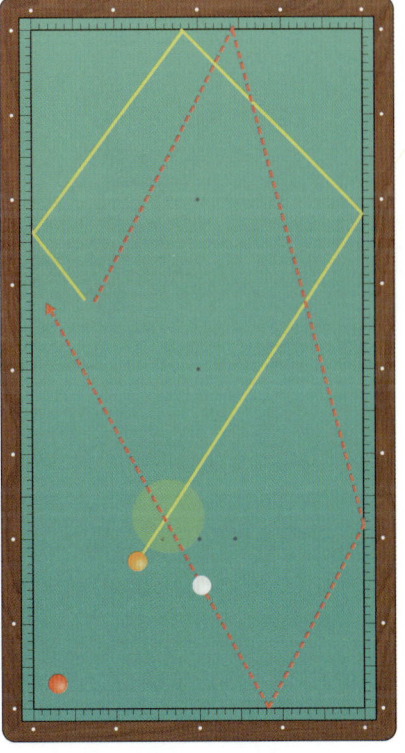

단, 큐볼의 속도가 지나치게 느리다면 상황은
초구 공략 때와 똑같은 득점 코앞에서 벼락을 맞는
상황으로 돌변하는데...

이처럼 키스가 없다고 못박은 배치에서조차
마른하늘에 날벼락이 내리치는 것이 되돌리기이다.
정신 차려 기억해두자!!!

제4형태

##《 제4형태 》

마지막 제4형태에서의 제1목적구는 완전 까마득하다.
중대에서는 그리 멀다는 느낌이 없겠지만 인터네셔널 테이블이라면
완전 콩알만 하게 보인다.
득점은 차치하고 두께조절만으로도 눈이 튀어나올 지경이 된다.

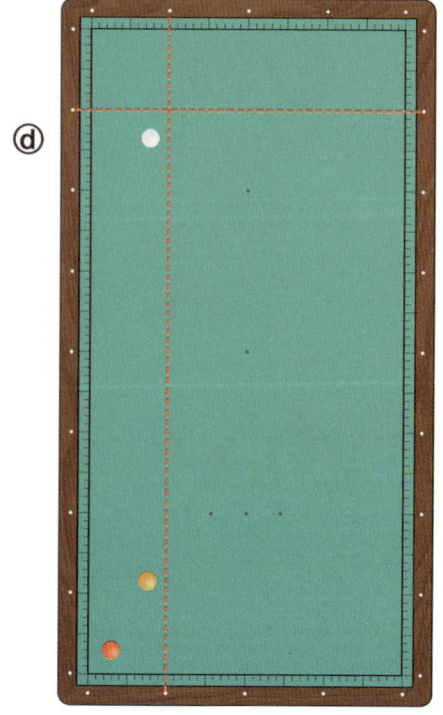

누군가 이 배치에서 회전을 주고 치려 한다면 그는 우주최강의 용사이거나
당구의 신일 것이다. 왜냐하면 이정도 거리라면 주안시뿐만 아니라
스쿼트현상까지 합세하여 두께오차는 가능하기조차 어려워지기 때문이다.
득점진로고 뭐고 먼저 두께부터 극복해야 한다.

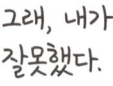
그래, 내가
잘못했다.

주안시에 관한 문제는 플레이어가 극복해야 할
부분이므로 어쩔 수 없다지만 스쿼트(squirt)
현상은 아주 쉽게 해결할 방법이 있다.

　　　　　회전을 주지 않으면 된다.

회전을 주지 않으면 스쿼트현상은 일어나지 않는다.
제4형태와 같이 제1목적구가 까마득히 위치할 때는 가능한
회전을 사용하지 않는 게 좋다.

그럼 득점이　　　　어머, 이상해라.
안 되잖아!!　　　　아라는 득점 잘만 되는데?

그렇다고 문제가 완벽히 해결되는 것은 아니다.
회전력 없이도 득점진로가 만들어진다면 정말 좋겠지만
제4형태에서는 어느 정도 회전력이 필요한 배치이기 때문이다.
그리고 이제부터 당구는 조금 더 난이도가 높아지며 고급스러워진다.

먼저 제4형태를 공략하기 위한 두께와 당점을 살펴보자.
제3형태의 1/2두께보다 조금 더 두꺼워진 약 2/3이다.

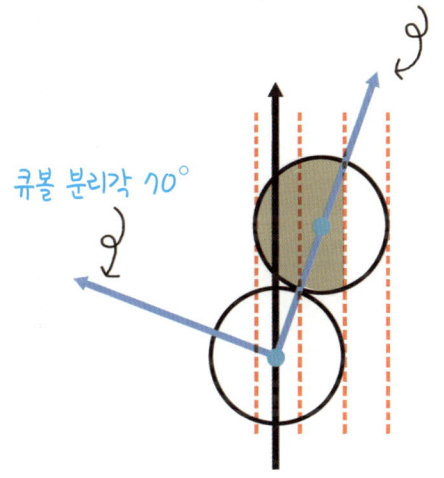

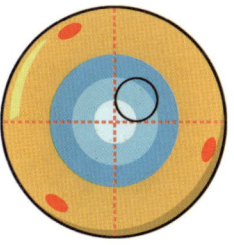

이제 사용당점을 보자,
한눈에 봐도 거의 회전력이
들어가지 않은 당점임을 알 수 있다.

당구를 치다보면 가끔 아주 두꺼운 두께를 겨냥했을 때
뜻하지 않게 큐볼이 충돌지점에 멈춰버리는 경우가 있다.
이때 큐볼은 제자리에서 굉장한 속도로 회전한다.
이 회전력의 정체는 무엇일까?

강제로 멈추지 않으면
몇 분이고 제자리에서
돌기만 한다. 돈다, 돌아.

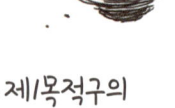

먼저 큐볼을 제1목적구의
정면을 겨냥하여 12시 방향
3팁의 당점으로 쳐보자.

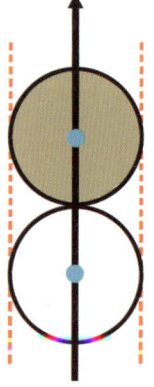

제1목적구와 충돌한 큐볼은 아주 잠깐 멈추었다가
갑자기 굉장한 속도를 내며 앞쪽으로 돌진한다.

밀어치기의 전형적인 큐볼의 움직임이다.

이제 두께는 그대로 정면을 겨냥한 상태에서 당점을 3시 방향 3팁으로 쳐보자. 물론 완벽하게 제1목적구의 정면을 맞추기는 어렵겠지만 최대한 정면을 쳤다면 큐볼은 거의 제자리에 멈추거나 혹은 옆쪽으로 굉장한 곡선을 그리면서 느릿느릿 움직인다.

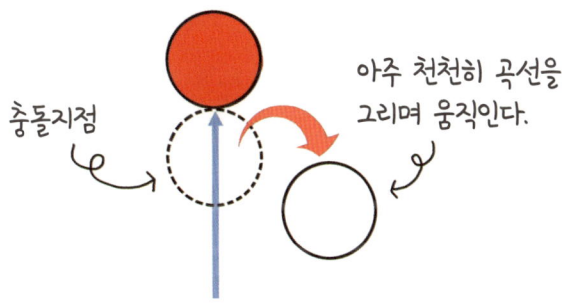

이 두 가지의 움직임 속에는 큐볼의 움직임을 이해하기 위한 아주 중요한 비밀 한 가지가 숨어 있다.

《 먼저 첫 번째 경우를 살펴보자. 》

당구공은 거의 1에 가까운 탄성계수를 지니고 있으므로 완벽하게 정면으로 충돌하게 되면 큐볼이 지닌 전진력은 모두 제1목적구에 전달된다. 때문에 큐볼은 전진할 수 있는 에너지 자체가 없다.

하지만 당점에 의한 회전력만큼은 사라지지 않고 그대로 남아 있다.

그런데 반발력 작용은 단지 큐볼의 전진력만을 상쇄시키고 끝나는 것일까?
그렇지 않다. 반발력에는 숨겨진 또 다른 작용이 한 가지 더 있다.
바로 큐볼의 회전력을 증가시키는 작용이다.

충돌 순간 제1목적구의 반발력은 큐볼의 진행방향과 정확히
반대방향으로 작용한다. 이때 큐볼은 위쪽에서 아래쪽으로
회전하고 있는 상태이다.

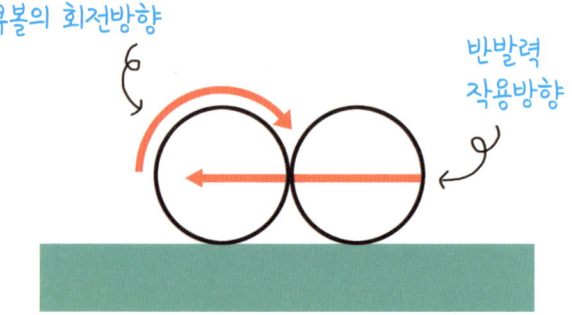

이 순간은 마치 팽이채를 사용하여 팽이의 회전력을
증가시켜주는 것과 같다.

즉, 큐볼이 가지고 있던 원래의 관성모멘트의 크기가 더욱 증가하게 되어
임팩트 후 최초 출발 때보다 훨씬 더 큰 회전력을 지니게 되는 것이다.

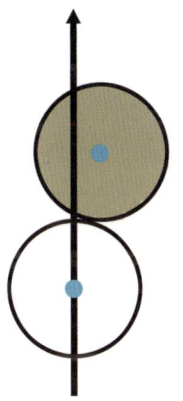

포인트!!

큐볼의 진행방향을 기준으로
1목적구와 큐볼의 중심점이 가깝게
충돌할수록 큐볼의 회전력은 증가한다.

다음으로 생각해야 할 것은 큐볼의 회전방향이다.
당점이 12시 방향이므로 큐볼의 회전방향은 완벽한 수직방향이다.
때문에 큐볼의 회전면 전체가 바닥면과 마찰을 일으키며
회전력은 전진력으로 변환된다.

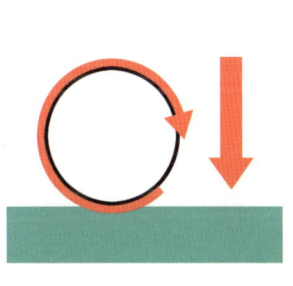

큐볼의 회전원주
전체가 바닥면과
마찰한다.

《 이제 두 번째 경우를 보자. 》

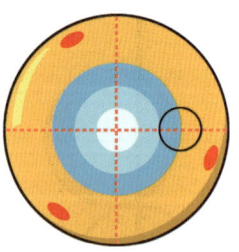

두께는 첫 번째와 똑같은 제1목적구의 정면을 겨냥하지만 당점은 3시 방향의 횡회전 당점을 사용했다.

이때 당점의 위치가 어디든 상관없이 두께에 의한 반발력은 큐볼의 전진력을 완벽히 상쇄시키므로 큐볼은 당연히 충돌지점에 멈출 것이다.

물론 회전력도 증가한다. 여기까지는 첫 번째 경우와 똑같다. 그런데,

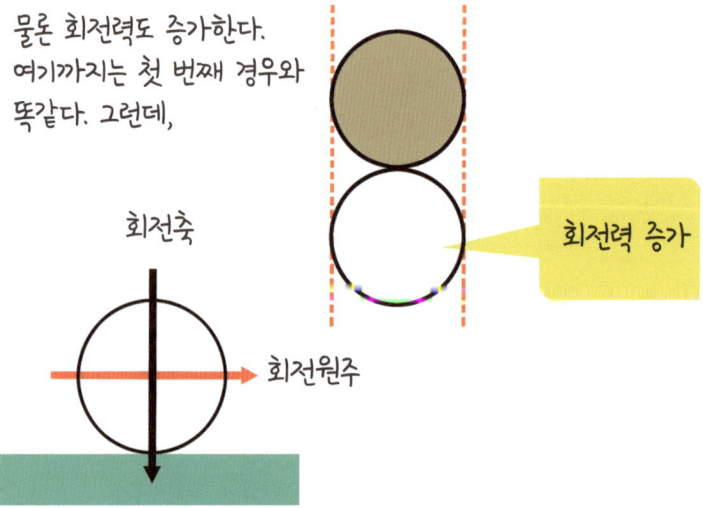

문제는 당점에 따른 큐볼의 회전방향이다.
횡회전일 때의 큐볼 회전방향은 바닥면과 수평인 상태이다.
즉, 회전원주는 전혀 바닥면과 마찰을 하지 않고 단지 회전축만 마찰하는 상태가 되는데 이는 팽이가 회전속도가 빨라질수록 제자리에서 뱅글뱅글 도는 것과 같다.

첫 번째의 경우에는 회전원주가 바닥면을 향해 회전하면서
전진력으로 변환되었지만 두 번째의 경우 회전원주가 허공에서
회전하므로 전진력은 만들어지지 않는다.
당연히 그 자리에서 꼼짝할 수 없는 것이다.

제1목적구를 두껍게 겨냥할 때는 반드시 당점에 따른
회전력 증가가 어떤 영향을 주는지 꼭 생각해야 한다.
그러므로 제4형태를 공략하기에 가장 이상적인 당점은 상단 1팁이다.

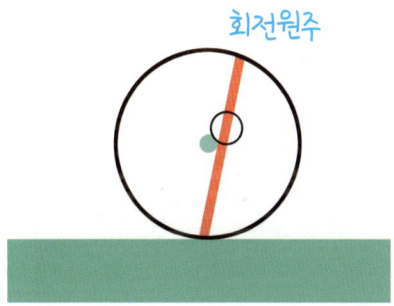

회전원주

상단 1팁의 당점은 비록 아주 작은 회전력이지만 회전원주가
어느 정도 바닥면과 마찰할 수 있어 부족한 전진력을 보충할 수 있다.
또한 회전축을 살짝 기울여주는 것만으로 큐볼에는 방향성에 의한
횡회전 작용도 분명 생겨나는데 이는 쿠션과 충돌하면서
자연스럽게 만들어지는 자연회전의 도움을 받기 때문이다.

《 그렇다면 샷은 어떻게 구사할 것인가? 》

가장 먼저 극복해야 할 것은 먼 거리에 따른 구름관성력 제어이다.
경쾌하면서도 힘이 실리지 않은 조금은 빠른 샷 스피드가 필요하다.

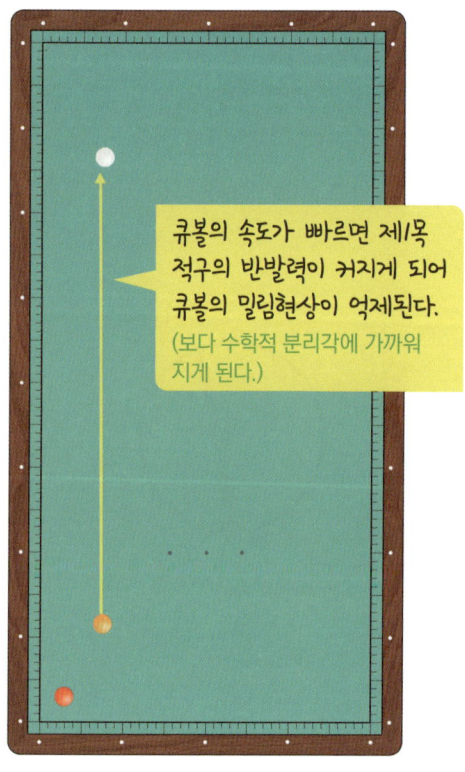

큐볼의 속도가 빠르면 제1목
적구의 반발력이 커지게 되어
큐볼의 밀림현상이 억제된다.
(보다 수학적 분리각에 가까워
지게 된다.)

다음으로 1팁 당점의 부족한 회전력의 극대화이다.
이를 위해서는 임팩트 순간 그립을 꾹~쥐어주면서
샷을 아주 짧게 멈춰주어야 한다.
문제는 바로 이 부분이 초심자에게는 샷의 이해가
완전 난해하다는 것인데.

먼저 제4형태를 공략했을 때 실패하는
두 가지 상황을 살펴보자.

첫 번째는 짧게 빠질 때이다.

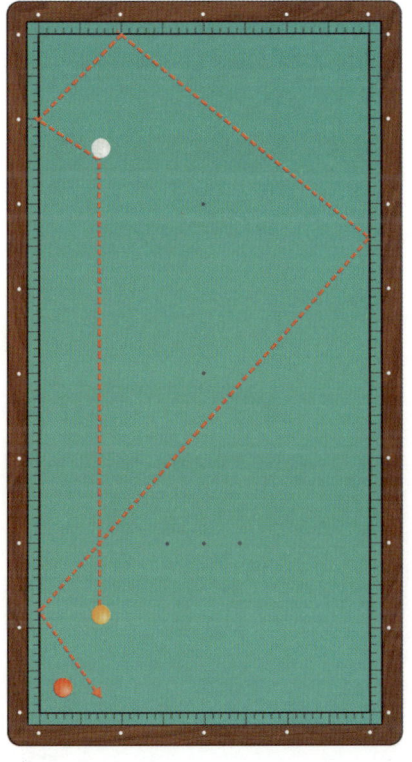

두께와 당점이 완벽했음에도 이처럼 큐볼의 득점진로가 짧아지는
이유는 지나치게 강한 샷으로 무지막지하게 큐볼을 때려버렸기 때문인데
어쩌면 초심자에게 있어 지극히 당연한 결과이기도 하다.

이는 큐볼의 밀림현상을 억제시켜주어야 한다는 강박관념에
사로잡혀 샷에 지나치게 힘이 들어간 때문이다.
샷을 지나치게 강하게 구사하게 되면 제1목적구의 반발력 또한
그만큼 커지므로 엄청난 속도로 쿠션과 충돌할 수밖에 없다.
이는 큐볼이 올바른 반사각을 만들기도 전에 쿠션에서 튕겨져
나올 수밖에 없는데 당연히 제2쿠션 도착지점도 기존의 득점지점보다
더욱 오른쪽으로 치우치게 되어 제3쿠션 도착지점 역시 그만큼
위쪽이 될 수밖에 없는 것이다.

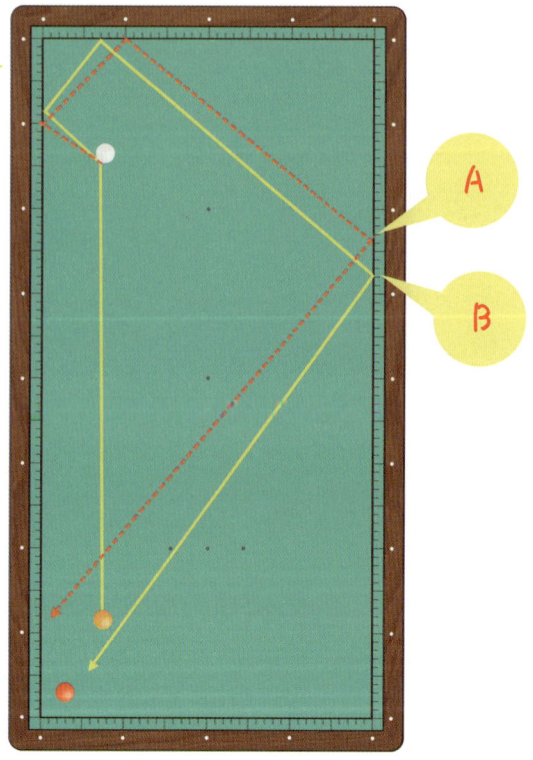

A = 지나치게 강하게 샷을 구사했을 때의 큐볼동선
B = 올바른 득점진로

여기서 잠깐!!

이때 초심자가 반드시 유념해야 할 사항 한 가지가 있다.
큐볼에 실려진 회전력은 언제 작용하는가 하는 문제이다.

큐볼에 회전력을 실어준다고 해서
무조건 회전력이 작용하는 것이 절대
아니다. 전진력이 강하면 강할수록, 즉 큐볼의 속도가
빠르면 빠를수록 회전력은 철저히 봉인되어 전혀 작용하지 않는다.

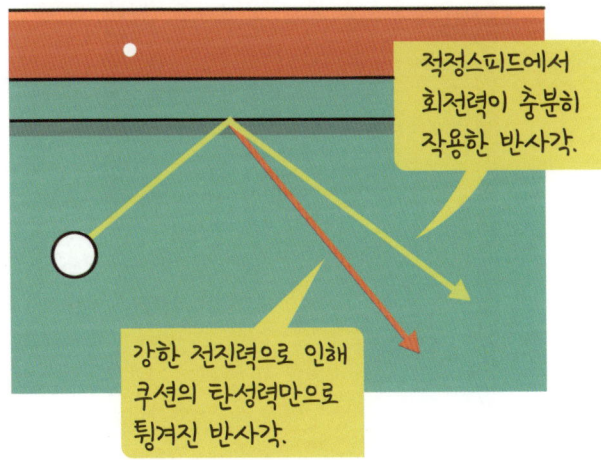

때문에 큐볼에 실려진 회전력이 올바로 작용하려면 큐볼의 속도가
회전력을 표현해낼 수 있도록 적당한 스피드를 갖게 만들어주어야
한다는 것을 꼭 기억하자!!

제4형태 공략 포인트!!

임팩트 순간 그립을 쥐면서 샷을 스톱시키게 되면
큐볼을 밀어주는 거리가 짧아 전진력이 많이 실리지 않는다.
때문에 제3쿠션에 도착할 때쯤이면 큐볼의 전진력은 거의
사라진 상태가 되어 이때부터 회전력이 살아나면서
득점진로를 그리게 된다.

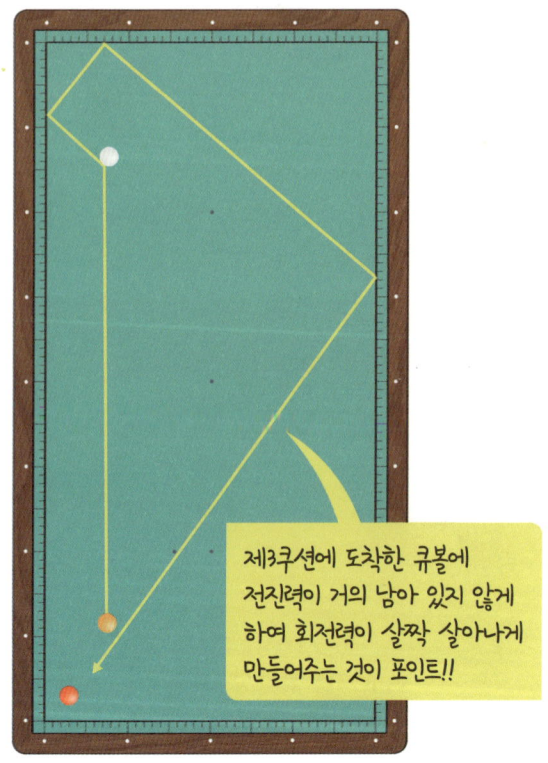

제3쿠션에 도착한 큐볼에
전진력이 거의 남아 있지 않게
하여 회전력이 살짝 살아나게
만들어주는 것이 포인트!!

두 번째는 길게 빠질 때이다.
두께와 당점이 정확했음에도 길게 빠진다면 샷의 속도가 느려
큐볼이 제1목적구까지 가는 동안 구름관성력이 커져서 밀림현상이
만들어졌기 때문인데 이 부분만큼은 연습을 통해
자신만의 샷 세기를 찾아야 한다.

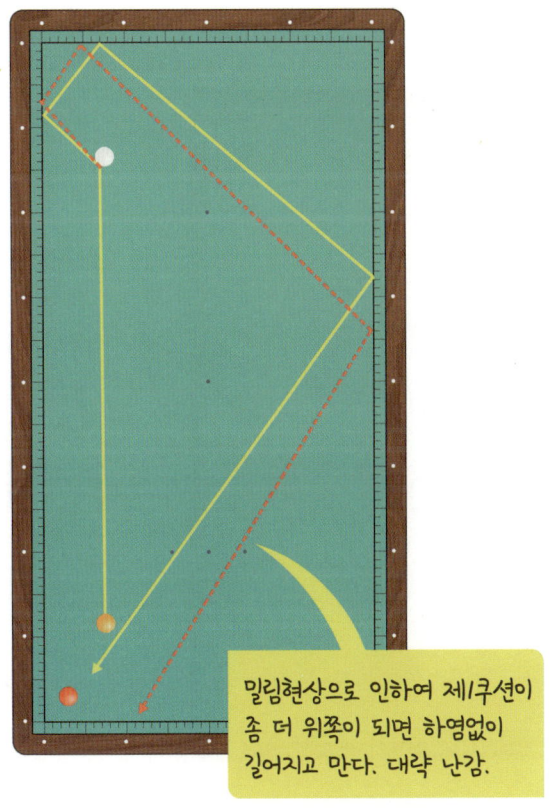

밀림현상으로 인하여 제1쿠션이
좀 더 위쪽이 되면 하염없이
길어지고 만다. 대략 난감.

정답은 역시 연습, 연습, 연습뿐이다!! 될 때까지
밥없는 거 알지?

44. 제4형태

<그렇다면 제4형태에서의 키스는?>

제1목적구의 진로를 보면 알 수 있듯이 득점 바로 앞에서 큐볼과 만날 확률이 존재하지만 정확히만 구사한다면 키스는 전혀 걱정할 필요가 없다.
왜냐하면 제1목적구가 오른쪽 코너를 돌아서 올라올 때쯤이면 이미 큐볼은 위험지역을 통과한 후이기 때문이다.

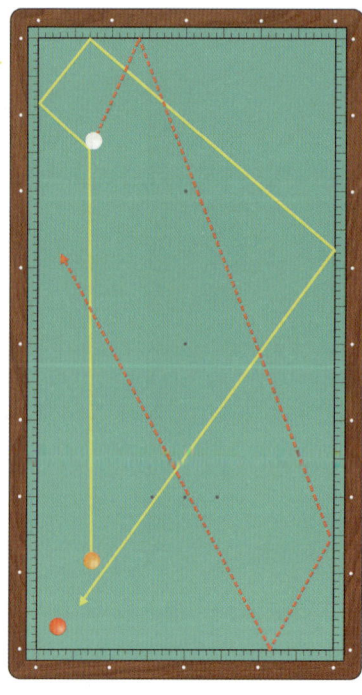

이는 제3형태에서의 키스타이밍과 유사한데 이 부분 역시 연습을 통해 제1목적구의 진행속도와 큐볼의 진행속도를 적절히 분배하는 요령을 익혀 두는 것이 아주 중요하다.

지금까지 가장 기본이 되는 뒤돌리기 형태를 알아보았다.
위의 네 가지 형태를 완벽하게 숙지해 둔다면 실전에서 마주치는 다양한 뒤돌리기 형태에서 자신감도 팍팍 올라가고 득점력도 훨씬 좋아질 것이다. 아자아자 파이팅!!

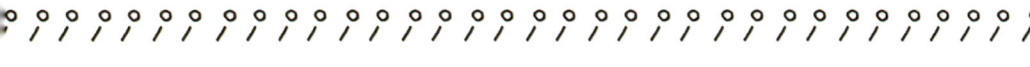

키스아웃(Kissed Out)

키스아웃(Kissed Out)

키스아웃(Kissed Out)이란 키스로 인해 득점되지 않은 샷을 말한다. 뒤돌리기를 구사할 때 초심자의 가장 큰 고민은 역시나 키스이다. 완전 공짜라고 생각한 배치에서 키스가 나게 되면 여지없이 멘탈은 붕괴되고 이때부터 갑자기 공은 쏠랑쏠랑 난국에 빠지게 되니 미칠 노릇이다.

도대체 그 넓은 테이블에서 그 조그만 당구공 두 개가 어째서 약속이나 한듯 키스아웃이 되는지 초심자에게는 믿지 못할 당구의 미스터리이다.

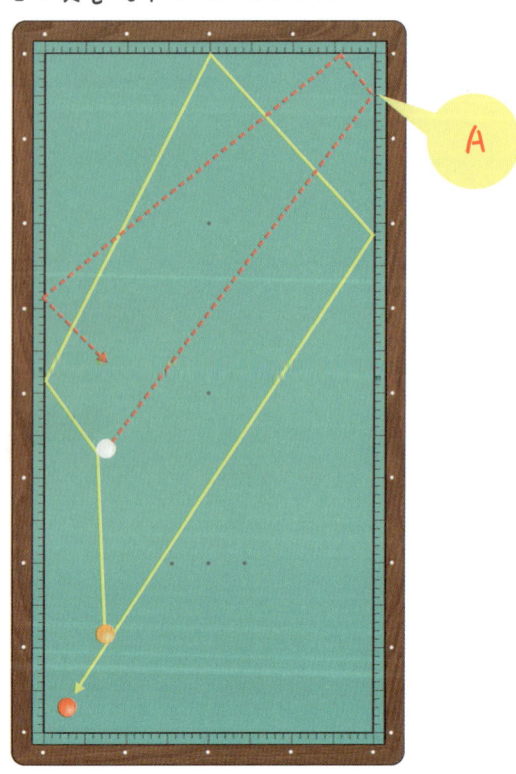

다음의 배치도를 보자.
뒤돌리기 제2형태이다.
이 형태는 앞쪽에서 꼼꼼히
살펴봤기 때문에 제1목적구가
어떻게 움직이며 키스가 어떻게
빠지는지 충분히 알고 있다.

제1목적구를 A지점으로
향하게 하여 제1목적구가
코너를 돌아 나오기 전에
큐볼을 먼저 돌아 나오게 한다.

이제 두 번째 배치도를 보자.

제2형태   제2형태에서 살짝 변화한 형태

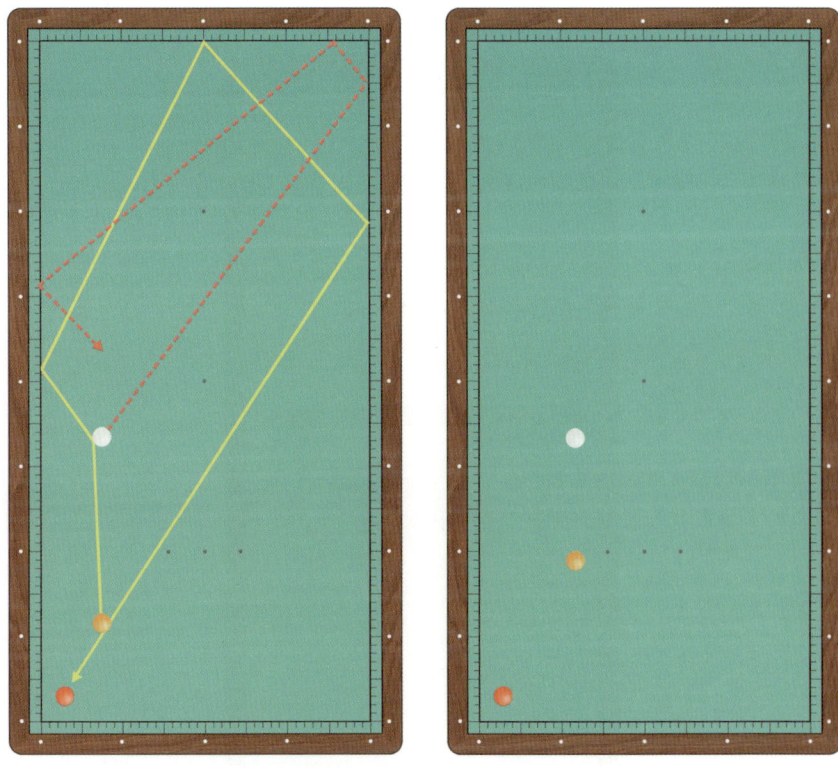

제2형태와 거의 비슷하다.
다른 점이라고는 제1목적구와 큐볼이 테이블 중심 쪽으로 좀 더 가까이 배치해 있다는 것 정도이다. 과연 키스가 날까? 안 날까?

45. 키스아웃(Kissed Out)

완벽한 키스아웃이다.

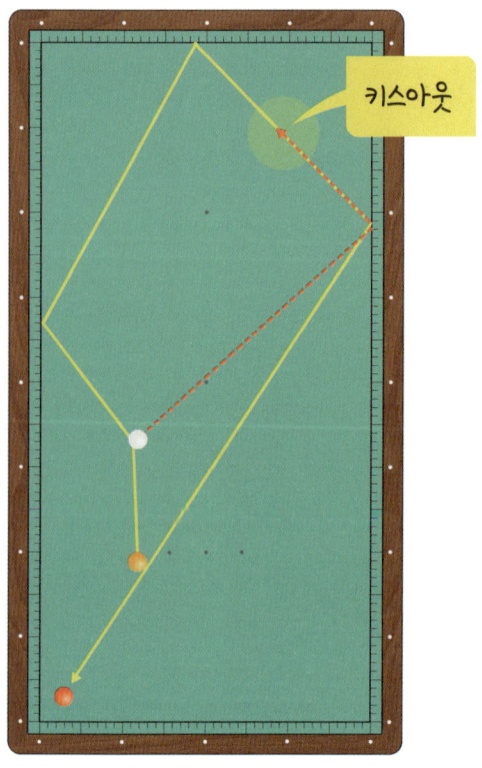

뒤돌리기를 구사할 때 일반적으로 가장 많이 사용하는 두께는
약 1/2두께이다. 겨냥하기도 쉽고 분리각을 만들기도 편하기 때문에
초심자의 경우 대부분 1/2두께를 겨냥하여 공략하게 되는데..

예외적으로 아주 얇거나 혹은 두꺼운 두께로 구사할 때를 제외한 평범한 배치에서의 뒤돌리기라면 약 1/2두께를 겨냥하여 뒤돌리기를 공략하는 것이 일반적인 공략방법이며 또 초심자가 쉽게 선택하는 방법이기도 하다. 1/2두께는 겨냥하기도 쉽고 분리각 만들기도 가장 편한 두께이기 때문이다.

<뒤돌리기를 구사할 때의 가장 쉬운 두께 설정과 사용 당점>

당점 위치를 잡는 방법은 먼저 큐볼을 세로로
정확히 1/2로 나눈 상태에서

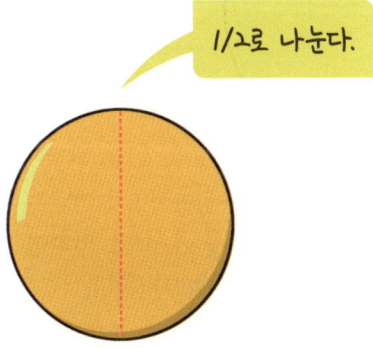

한쪽 면을 또다시 1/2로 나눈 지점이 기준 당점 위치이며
가로 중심축을 기준으로 상단, 중단, 하단 당점으로 나뉜다.

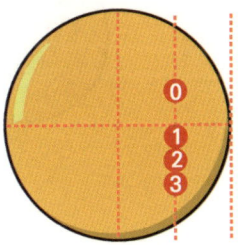

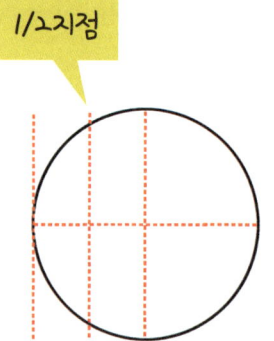

제1목적구를 1/2두께로 겨냥하는 방법은
당점 위치를 잡을 때와 똑같이
제1목적구를 1/2로 나눈 상태에서
반대쪽 면을 또다시 1/2로 나눈 지점에
겨냥점을 찍어주면 된다.

최종적으로 제1목적구의 겨냥선과
큐볼의 당점을 큐선으로 맞추면
정확히 1/2두께가 된다.

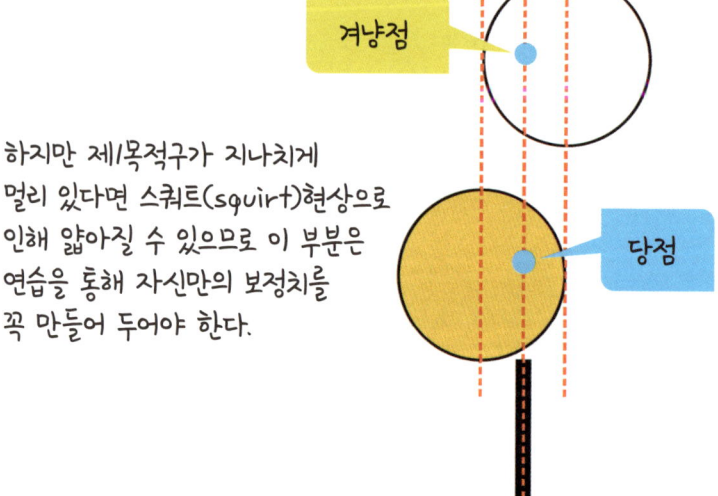

하지만 제1목적구가 지나치게
멀리 있다면 스쿼트(squirt)현상으로
인해 얇아질 수 있으므로 이 부분은
연습을 통해 자신만의 보정치를
꼭 만들어 두어야 한다.

정작 문제는 초심자의 경우 큐볼의 득점진로는 웬만큼 읽어내지만
제1목적구의 진행동선까지는 미처 신경 쓰지 못한다는 것인데..

큐볼의 득점진로는 다음과 같다.
1/2두께로 공략한다면 무리 없이 득점진로를 만들 수 있다.
약간 짧아도 득점, 살짝 길어도 득점되는 완전 빅 볼인 것이다.
때문에 깊이 생각할 필요도 없이 1/2두께를 겨냥하여 공략!!

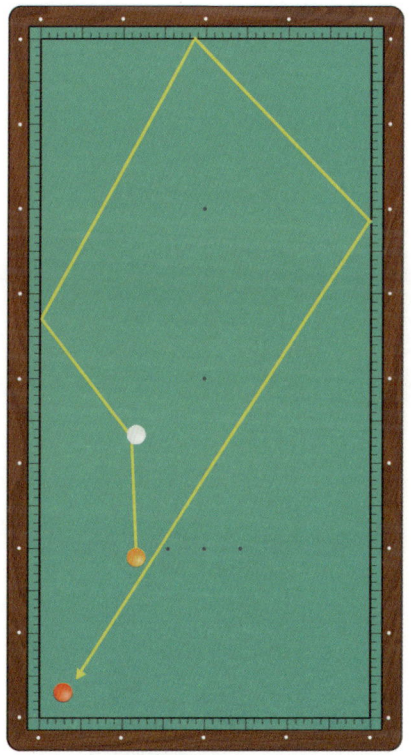

이때 제1목적구가 향하는 방향은 어처구니 없게도
큐볼의 득점진로와 정확히 교차되는 방향으로 진행한다.
잠시 후 누군가의 심장을 도려내는 소리..

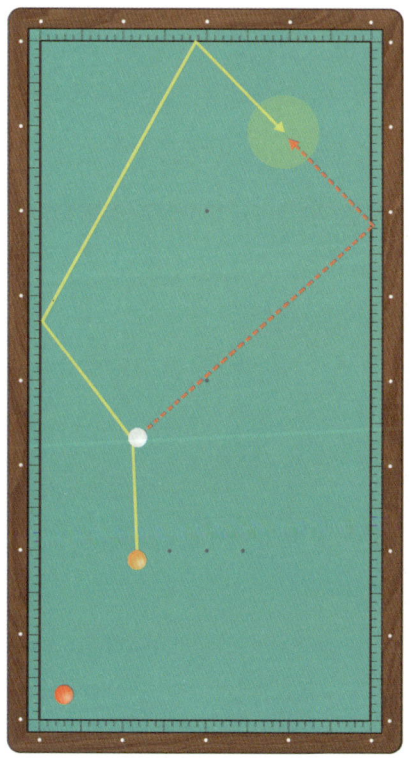

사실 초심자에게 제1목적구의 진행방향까지 읽길 바라는 것은 어쩌면 언어도단일지도 모른다. 제1목적구의 진행방향을 읽는 것 자체가 이미 초심자가 아니기 때문이다.

먼저 두께에 따른 큐볼과 제1목적구의 분리각 기준표를 살펴보자.

두께	1/4	1/3	1/2	2/3	3/4	4/5
큐볼	42°	48°	60°	70°	75°	78°
목적구	48°	42°	30°	20°	15°	12°

위의 기준표는 큐볼과 목적구의 분리각 합이 완벽히 90°인 이론적 분리각 기준표이다. 쉽게 말해서 완전한 탄성충돌을 가정한 상태에서의 분리각이라는 뜻이다.

하지만 테이블 위의 두 공은 떨어진 거리도 매번 다르며 테이블 바닥면과의 마찰, 구름관성, 샷의 특성, 그 밖에 눈으로는 도저히 확인할 길 없는 미세한 물리적 영향까지 받기 때문에 결코 위의 분리각 기준표대로 만들어지지 않는다.

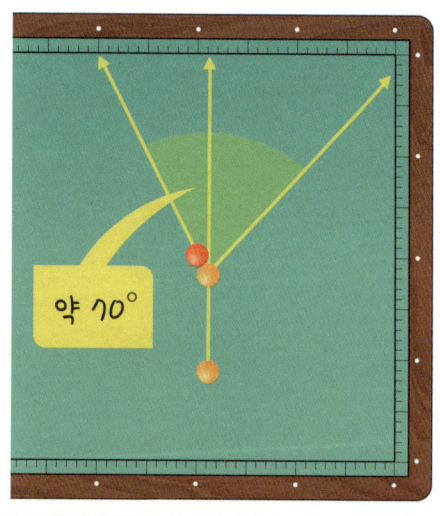

(12시 방향 당점으로 아주 부드럽게 팔로우 스루 샷을 구사했을 때)

약 70°

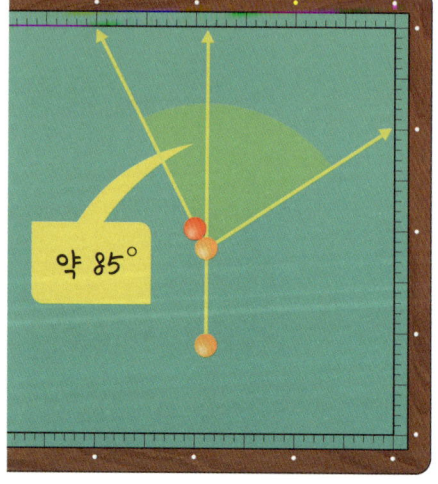

(같은 12시 방향 당점으로 강하게 샷을 구사했을 때)

약 85°

샷의 세기 한 가지 요인만으로도 무려 15°나 차이가 나버리니 초심자는 그저 환장할 노릇.

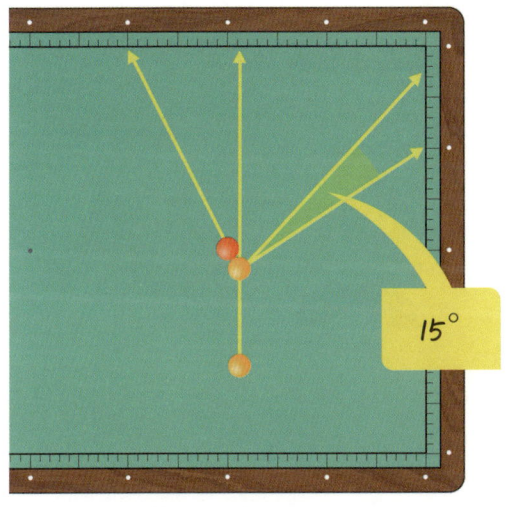

초심자, 그들은 지금 환장 점프 중.

그럼에도 불구하고 초심자를 위한 나름의 비책은 있다!!

이론적 분리각인 90°까지는 아니더라도 약 85°각도를 실전적 기준점으로 대신할 수 있는 것이다.
(이에 적합한 샷 스피드를 만들어 두는 것은 필수.)

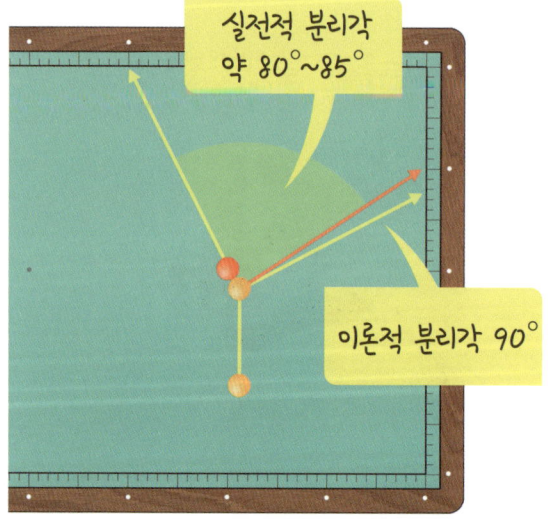

< 제1목적구 진행방향 읽기!! >

1. 큐볼이 제1목적구와 충돌 후 분리각이 형성되는 지점과 목표한 제1쿠션 지점을 선으로 연결한 후

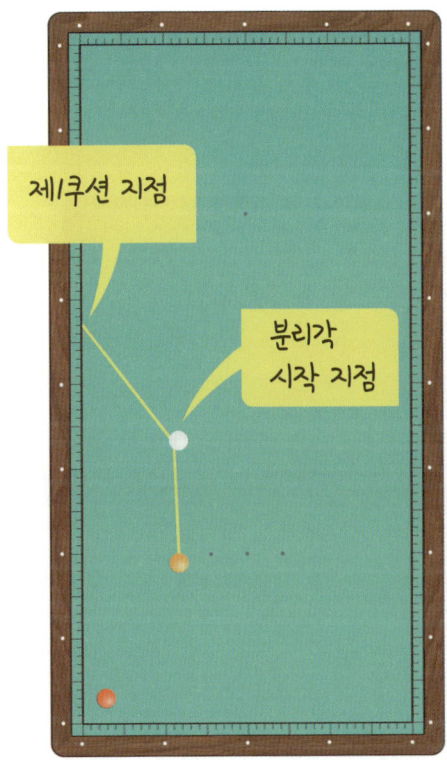

2. 이 선을 기준으로 먼저 이론적 분리각 90°각을 찾는다.

3. 이론적 분리각 90°에서 약 5°를 뺀 85°각도가
   가장 일반적인 제1목적구의 진행선이다.

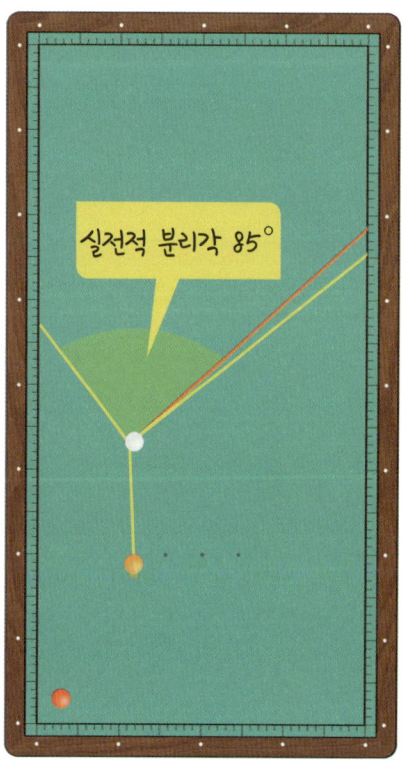

이제 제1목적구가 큐볼의 제3쿠션
도착지점으로 향한다는 것을 알게 되었다.
이처럼 제1목적구가 큐볼의 진행동선과
일치하거나 가깝게 되면 키스아웃 확률도
그만큼 높아진다.

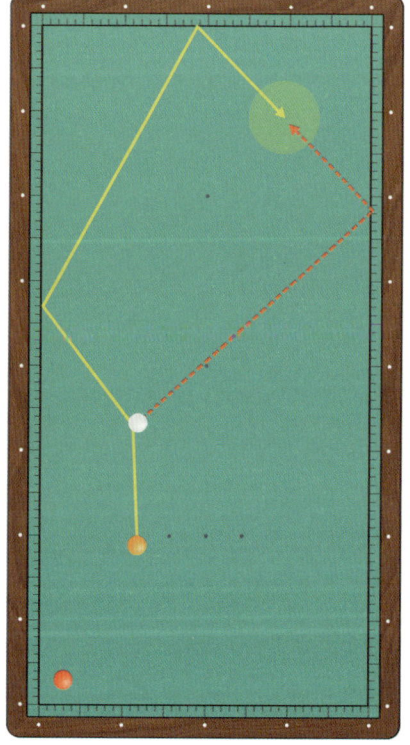

제1목적구가 어느 방향으로 향할지
진행선을 읽는 습관을 들이는 것이
키스를 피하는 첫 번째 방법이다.

〈 여기서 잠깐!! 〉

키스가 나지 않도록 두 공의 진행동선을 설정했음에도 키스를
내는 경우가 종종 있는데 이는 한 가지 사실을 간과한 때문이다.

당구공 한 개의 크기는 사실 그렇게 크지 않다.
약 6cm 정도에 불과한 아주 작은 크기이다.
얼핏 이 작은 당구공이 테이블 위에서 충돌한다는 게 마치
가뭄에 콩 나는 것 같겠지만

설마 당구공에
싹이 나겠어??

45. 키스아웃(Kissed Out)

그림과 같이 두 개의 공이 교차 할 때
그 충돌범위는 12cm로 갑자기 두 배로 늘어난다.

뿐만 아니라 큐볼이 오른쪽에서 진행해
올 때 역시 충돌범위에 포함된다.
결국 두 공이 충돌할 수 있는 최대 폭은
무려 18cm나 된다는 사실이다.

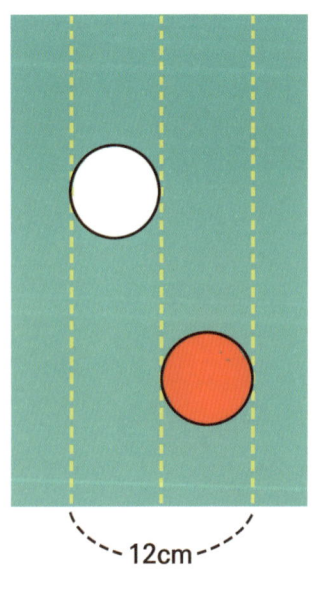

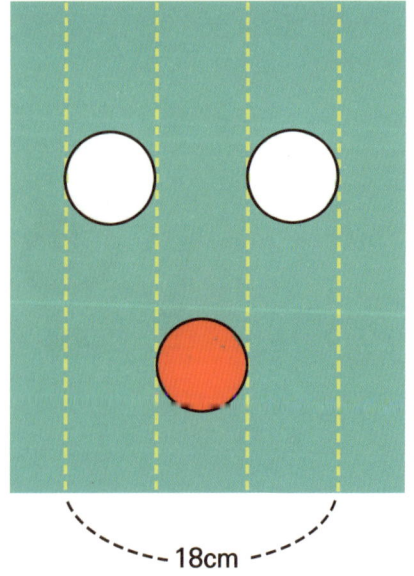

중대의 경우 한 포인트 간격이 약 30cm이므로 충돌범위는
무려 반 포인트를 훌쩍 넘고 있는 것이다.
때문에 이를 간과하고 적당히 빠지겠지라는 생각으로
공략해서는 절대 안 된다.

< 완벽하게 키스를 피하려면!! >

제1목적구의 진행방향을 큐볼의 제3쿠션 도착지점에서 한 포인트 비켜나도록 설정한다면 보다 완벽하게 키스를 배제시킬 수 있다.
이때 문제가 되는 것은 제1목적구를 3포인트로 보내려면 두께가 아주 얇아진다는 것. 때문에 올바른 큐볼의 득점진로를 만들기 위해서는 하단 당점을 사용하여 약간의 끌어치기로 부족한 분리각을 보충해주어야 한다.

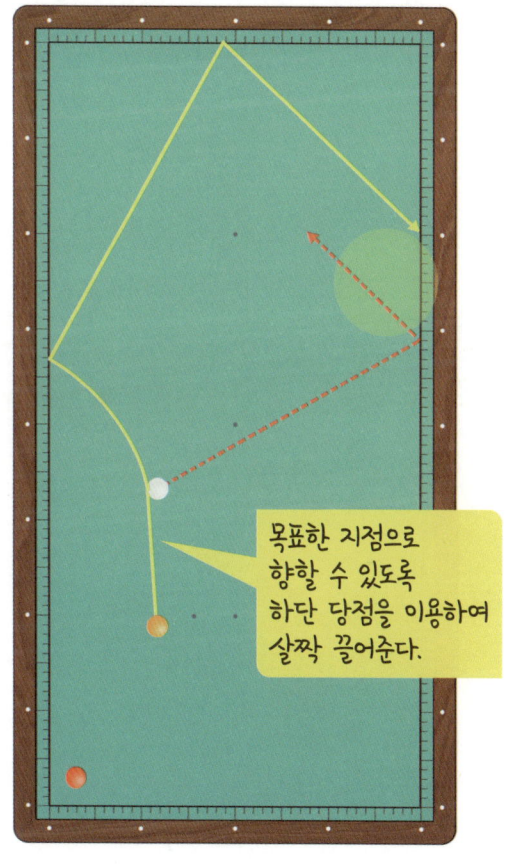

목표한 지점으로 향할 수 있도록 하단 당점을 이용하여 살짝 끌어준다.

만약 얇은 두께로 끌어치는 것이 부담스럽다면 1/2보다 좀 더 두꺼운 두께로 제1목적구를 초구 공략 때와 같은 단축 쪽으로 향하게 만들어도 멋진 공략방법이 된다.
다만 이때는 제1목적구가 코너 쪽으로 너무 치우치게 되면 제1목적구가 제2목적구 쪽으로 내려올 수 있으므로 주의하자.

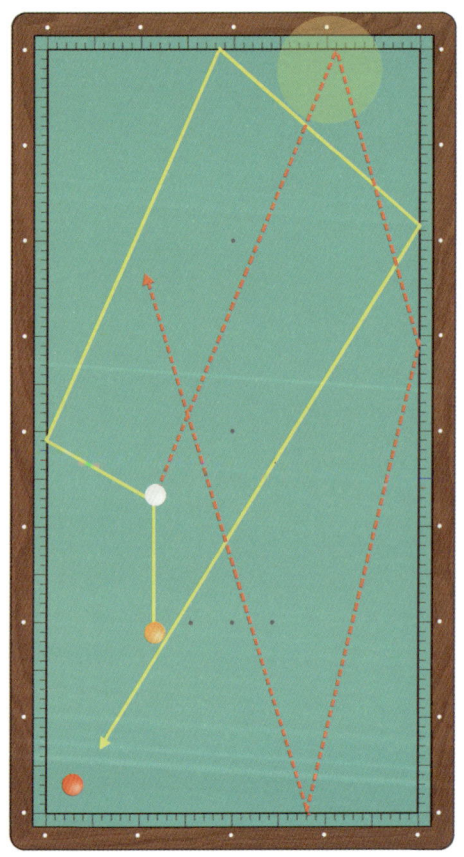

실전에서 등장하는 모든 뒤돌리기 형태에서 키스를 피하기란 정말 어렵겠지만 위의 배치도를 충분히 연습한다면 이전보다 훨씬 수월하게 키스를 피할 수 있을 것이다.

〈 연습하면 정말 도움 되는 뒤돌리기 키스 피하기!! 〉

다음의 배치도를 보자. (큐볼은 노란 공)
전형적인 뒤돌리기 배치이며 득점진로 또한 한눈에 그려질 만큼 완전 빅 볼이다.
키스 역시 전혀 문제될게 없는 그야말로 완전 공짜 배치이다.

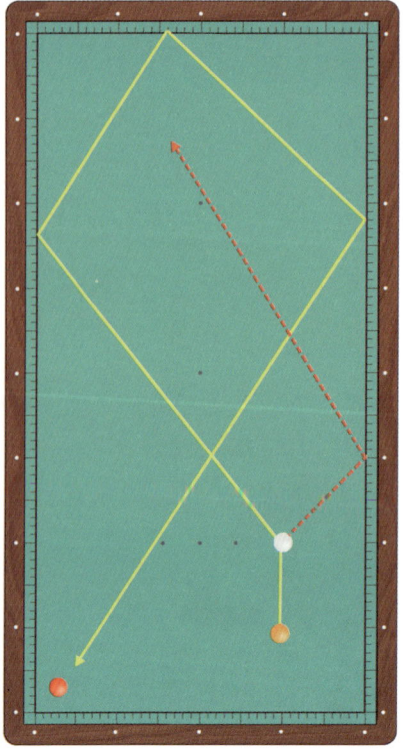

그런데 이런 공짜 배치에서조차
날벼락이 떨어진다는 사실..

이와 같은 배치를 공략할 때 플레이어가 가장 신경 쓰는 것은 무엇일까?

자칫 제1목적구의 두께가 얇아 길게 빠져버리는 오직 이 한 가지 상황뿐이다. (제1목적구와 큐볼이 교차하는 간격이 워낙 넓어 키스는 일찌감치 머릿속을 떠난다.)

뿐만 아니라 득점 확률을 더욱 높이기 위해 약간 짧아도 득점할 수 있도록 조금 더 두껍게 겨냥하기에 이르는데, 물론 이에 따른 제1목적구의 방향 변화까지는 미처 신경 쓰지 못한 채...

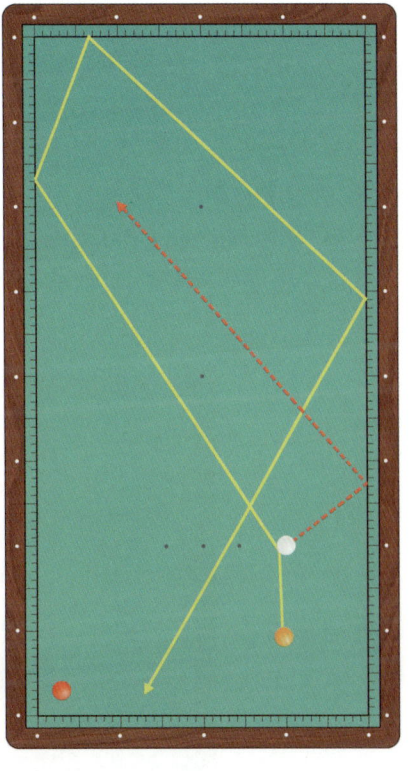

설마 내가 그렇게 재수가 없겠어?

결국 아래의 참고도에서 알 수 있듯 조금 더 두꺼운 두께가
제1목적구를 큐볼의 제2쿠션 쪽으로 향하게 하여 날벼락 같은
키스를 만들게 되는 것이다.

< 포인트!! >
이와 같은 배치에서는 제1목적구의 방향이 큐볼의 제3쿠션 쪽이 아닌
제2쿠션 쪽을 바라보며 두 공이 교차하지 않도록 해야 한다.

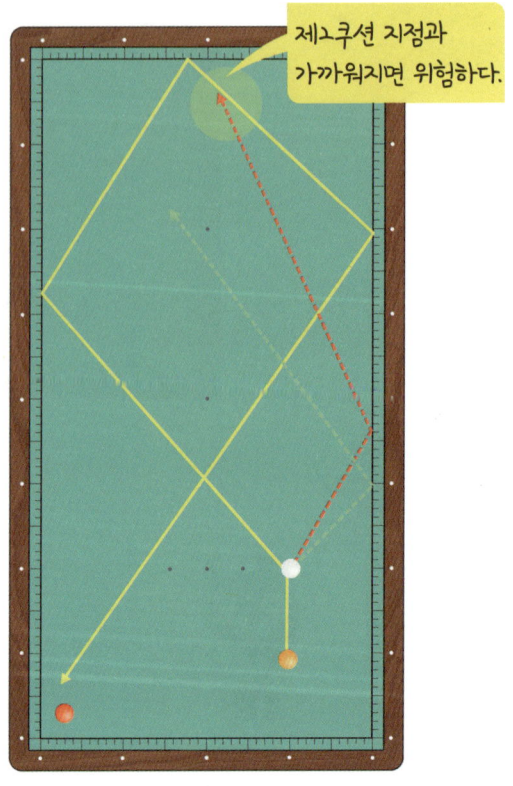

제2쿠션 지점과 가까워지면 위험하다.

다시 한 번 강조하지만 당구는 운이 아니다.
키스를 정복하기 위해서는 제1목적구의 진행방향을
모든 상황에서 정확히 읽는 습관을 들여야만 한다.

대충 빠지겠지라는 생각은 이제 그만 지워버리자!!

뒤돌리기 키스 판별법!!

< 뒤돌리기 키스 판별법!! >

다음의 배치도를 보자.
제1목적구가 ⓐ, ⓑ, ⓒ 세 곳에 위치해 있다.
얼핏 세 가지 모두 뒤돌리기가 가능해 보이지만 사실 이 중 한 가지는
키스확률이 아주 높다. 만만하게 공략해선 절대 안 되는 배치인 것이다.
어느 것일까? 정답은 ⓑ이다.

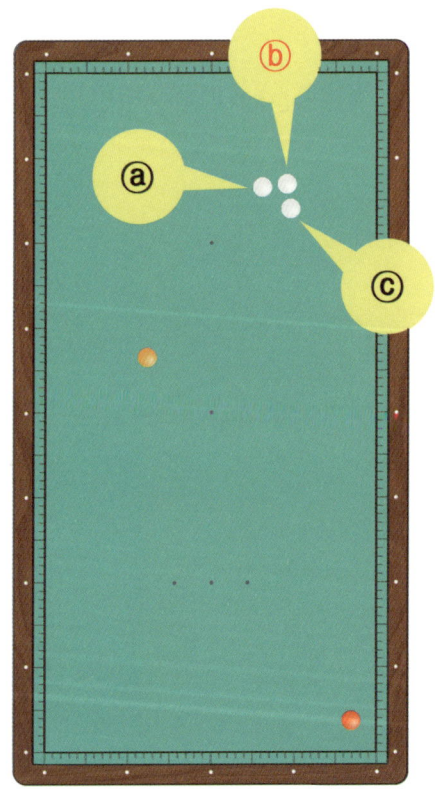

코너를 기준점으로 제1목적구와
큐볼이 일직선상에 놓이게 되면
키스확률이 높아지기 때문이다.

먼저 득점진로를 그려보자.
가능한 아주 얇은 두께로 회전력만
충분히 살려준다면 무난히 득점진로를
만들 수 있다.

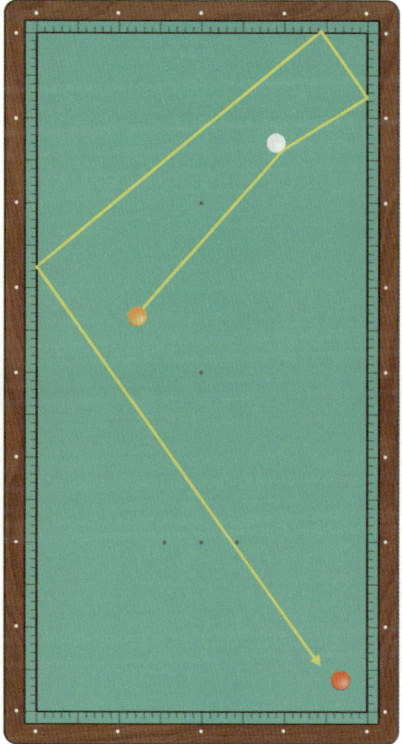

그런데 막상 구사해보면 코너를 돌아나오는
큐볼 앞을 제1목적구가 너무도 의연히 가로막아 선다.
큐볼이 코너를 돌아 나올 때쯤이면
제1목적구는 이미 단축 쪽으로 올라가
있을 것 같지만 얇은 두께로 분리된
제1목적구는 아주 느릿느릿 움직이며
큐볼의 진행을 가로막는 것이다.

직접 득점이 어렵다면
약간 짧은 진로는?

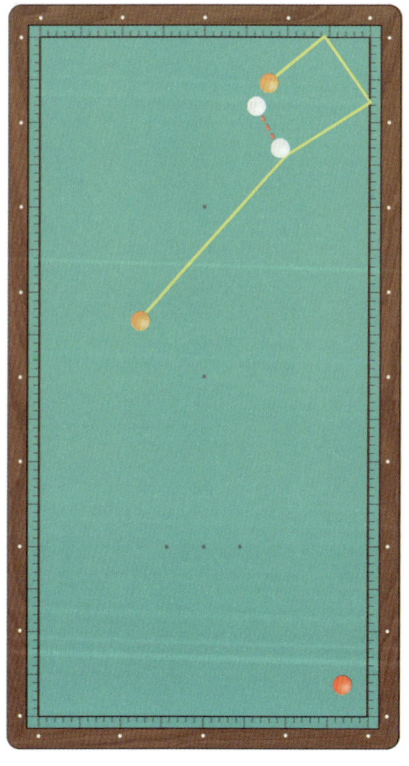
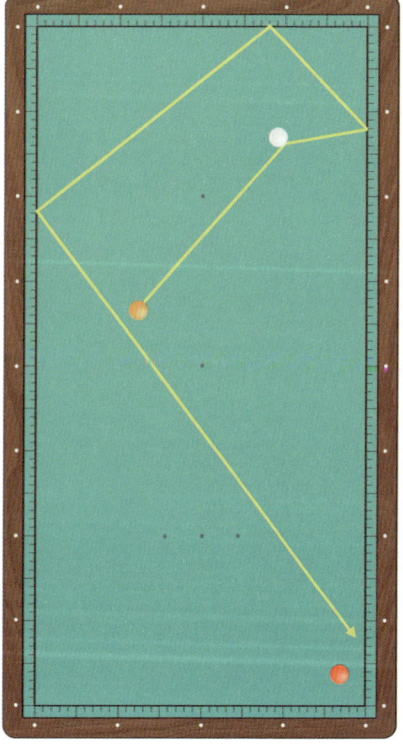

마찬가지로 완전 얄미운 타이밍으로 큐볼 앞을 가로막는다.

방법을 바꿔 아주 두꺼운 두께로 밀어쳐도 결과는 같다.
이번에는 큐볼이 코너를 향하기도 전에 제1목적구가 먼저 코너를 돌아 나오며 벼락같이 큐볼을 덮친다.

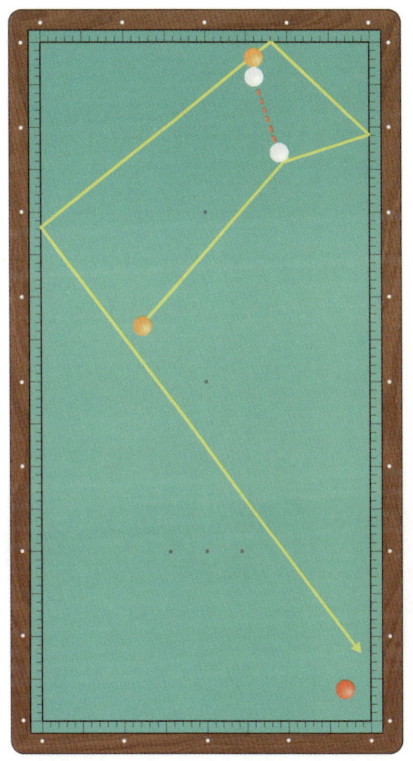 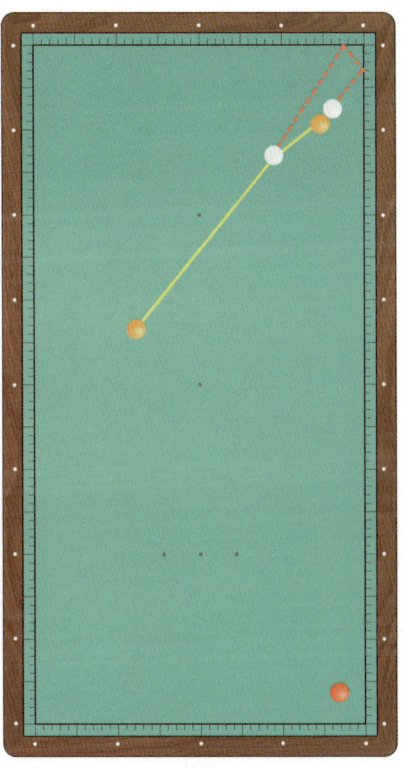

뒤돌리기의 특성 중 하나는 두 공의 진행선이 교차점을 만든다는 것이다. 큐볼과 제1목적구의 최초 진행방향은 완벽히 서로 반대방향을 향하지만 쿠션과의 충돌 이후 만들어지는 두 번째, 세 번째 반사각 진행방향은 계속해서 테이블 안쪽이 되므로 어느 지점에서 결국 교차점을 만들 수밖에 없는 것이다.
그리고 이 교차점은 각도 혹은 타이밍에 의해 키스아웃(Kissed Out)을 만든다.

두 공이 쿠션과 멀리 떨어져 있을 때는 제3, 혹은 제4쿠션에서 교차점을 만들지만 쿠션과 아주 가까이 있을 때는 제1쿠션 이후 즉각 교차점을 만들게 되며 이때 교차점에 도달하는 두 공의 타이밍은 너무나 절묘해서 키스를 피하기가 정말 어렵다.

물론 고점자의 경우는 그들만의 굉장한 스킬인 팬 샷(Fan Shot)으로 아주 교묘히 키스를 해결하겠지만 말이다.

팬 샷(Fan Shot) : 약 1/8두께 이하로 아주 얇게 구사하는 샷.

(마치 부채바람에 의해 제1목적구가 흔들리는 것 같다 하여 팬 샷이라는 명칭이 붙게 되었음.)

제1목적구가 큐볼의 진로를 가로막기 전에 큐볼이 먼저 빠져나온다.

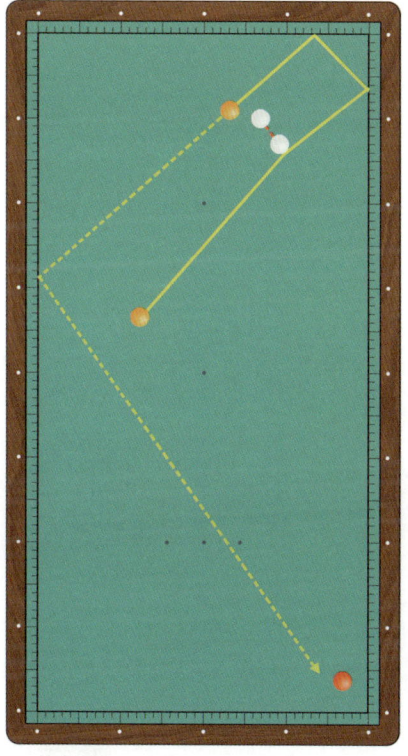

팬 샷은 뒤돌리기 뿐 아니라 여러 다양한 배치에서 그 쓰임새가 정말 많다.
단지 키스를 피하기 위해서가 아닌 고점자로 올라서기 위해 반드시
마스터해두어야 할 당구의 절대 스킬 중 하나이다.

< 팬 샷을 구사하는 방법!! >

팬 샷의 핵심은 첫째 제1목적구에 물리적 충격량을 가능한 전달하지 않는 것이며, 두 번째는 큐볼의 속도를 빠르게 만들어주는 것이다.

그립은 무조건 안정적인 펌 그립!!
(초심자에게 펌 그립보다 안정적인 그립은 없다!!)

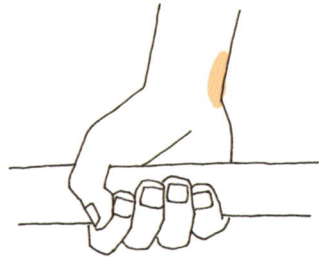

① 펌 그립 상태에서 그립을 잡은 손에 힘을 완전히 빼준다.
그립 느낌은 손가락 위에 큐를 가만히 얹어 놓은 느낌이면 좋다.

그립 포인트: 최대한 힘을 빼서 가볍게 잡아줄 것.

그림처럼 의도적으로 공간을 만들 필요는 없으며 공간을 띄워주는 느낌만으로도 충분하다.

② 브리지 간격과 그립 위치 등은 별나게 변화를 줄 필요 없이 표준 위치 그대로 잡아줘도 좋다.
(대부분의 경우 표준위치보다 더 뒤쪽을 잡는 게 문제이므로 가능한 표준위치를 정확히 잡아줄 것.)

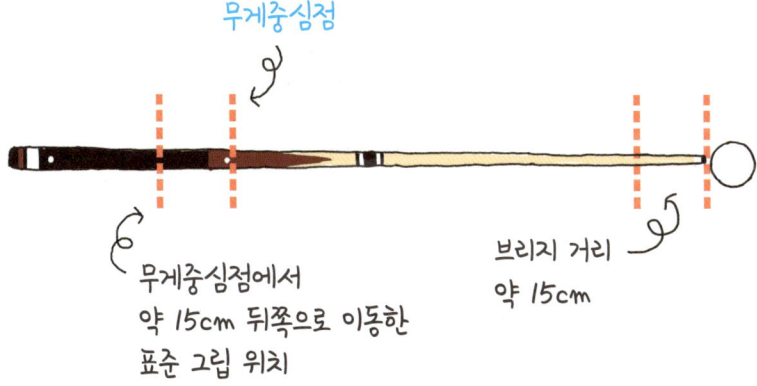

지금부터 집중!!
만일 당신이 얇게 치는데 천부적인 재능이 있다면 상관없겠지만 만약 그렇지 않다면 과감히 브리지 모양을 바꿔보자.

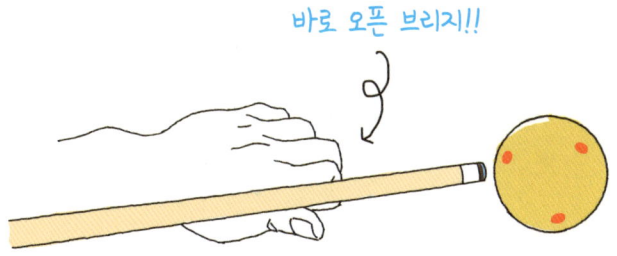

오픈 브리지의 가장 큰 장점은 예민한 두께를 겨냥할 때 큐 선을 이용하여 시선을 좀 더 집중할 수 있다는 것이다.

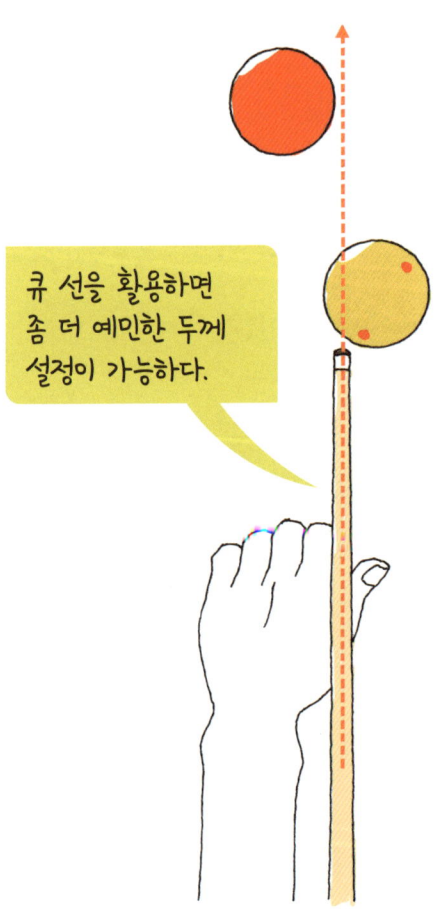

〈 오픈 브리지 만드는 방법!! 〉

플레이어마다 브리지를 만드는 방법은 조금씩 다르다.
기본 브리지 형태에서 자신에게 좀 더 편하고 안정적이라 생각되는 형태로
만들기 때문이다. 손가락이 짧은 사람도 있고 기타리스트처럼
완전 긴 사람도 있으니까 말이다.
어떤 모양으로 만들든 브리지의 핵심만 지킨다면 상관없다.
우선 오픈 브리지를 만들 때 가장 신경 써야 할 부분은 훅이 없으므로
예비 스트로크시 큐가 흔들릴 수 있다는 점이다. 큐의 흔들림을 줄이려면
가능한 손과 큐의 마찰부분을 넓게 만들어주어야 한다.

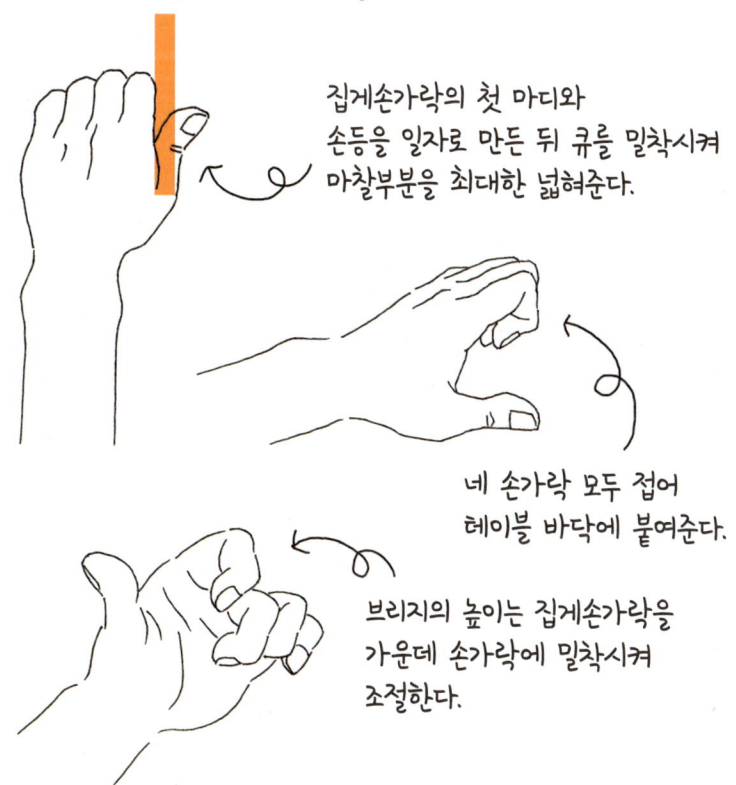

집게손가락의 첫 마디와
손등을 일자로 만든 뒤 큐를 밀착시켜
마찰부분을 최대한 넓혀준다.

네 손가락 모두 접어
테이블 바닥에 붙여준다.

브리지의 높이는 집게손가락을
가운데 손가락에 밀착시켜
조절한다.

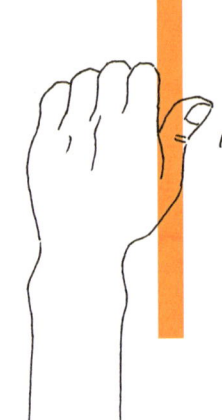

엄지손가락으로 큐가
흔들리지 않도록 지지해준다.

이제 브리지도 만들었으니 본격적으로
팬 샷(Fan Shot)을 구사해보자. 명심해야 할 것은
브리지가 오픈되어 있다는 것이다.
때문에 예비 스트로크의 길이를 평소처럼
길게 가져가면 좌우로 흔들릴 수 있으므로 가능한
짧게 해주는 것이 좋다.

예비 스트로크는 브리지
간격의 절반 이하로 할 것.

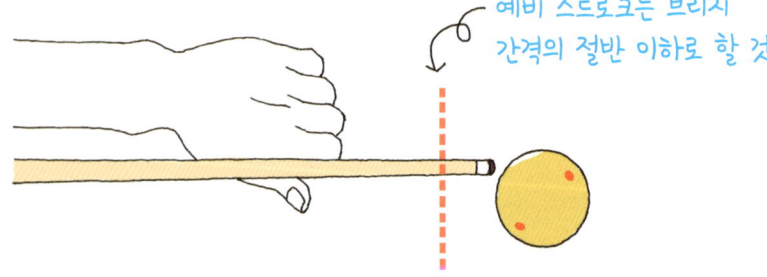

메인 스트로크는 약간만 더 백스윙 길이를 준 후 아주 살짝
스피드를 실어주면 끝!!

메인 스트로크
시작지점

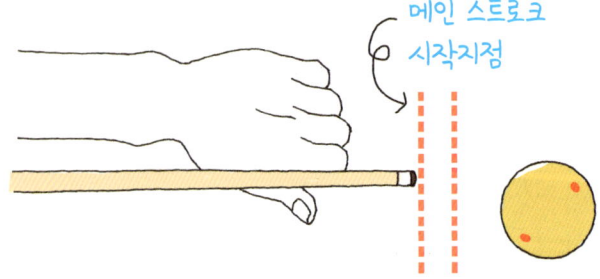

이때 샷 스피드를 실어주기 위해 샷의 속도를 일부러
올릴 필요는 없다. 왜냐하면 오픈 브리지의 또 하나 장점은
평소 자신이 구사하던 샷 스피드가 조금 더 빨라진다는 것이다.
훅의 껄끄러움을 제거시켜줌으로써 얻는 이득이다.
때문에 평소와 같은 샷 스피드만으로 충분하다.

한 가지 반드시 명심해야 할 것은 절대 그립에 변화를 주면
안 된다는 것이다. 조금이라도 그립을 움켜쥔다면 그 순간
팬 샷은 안드로메다로 향한다.

최초 그립 상태를 그대로
유지하면서 마무리 동작까지
가져갈 것.

< 팬 샷의 임팩트!! >

팬 샷의 주목적은 제1목적구는 가능한 느리게, 큐볼은 좀 더 빠르게 만들어주는 것이다.
최초 출발은 평범한 스피드로 출발하지만 쿠션에서 반사되어 나오는 큐볼의 속도는 좀 더 빨라진다.
회전력 작용 때문이다.

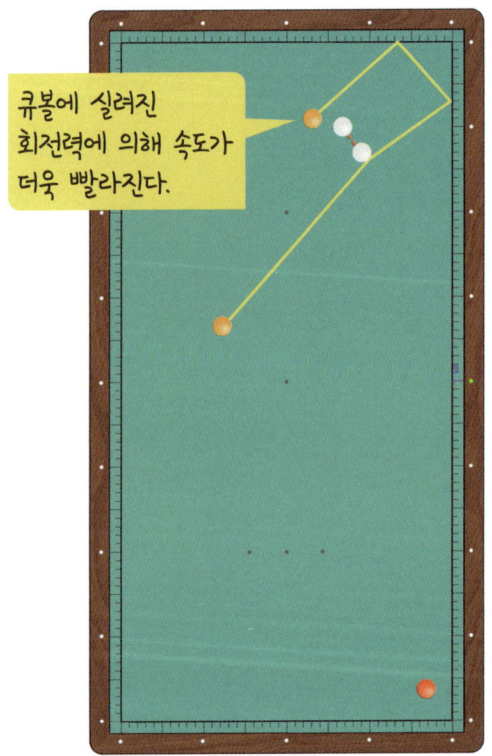

때문에 횡회전 3팁, 혹은 4팁의 맥시멈(maximum) 당점까지 사용하는데 이 당점들의 불편한 점은 임팩트가 조금만 틀어져도 스쿼트가 발생한다는 것.

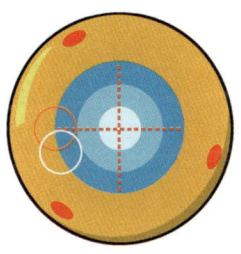

일반적으로 예비 스트로크를 진행할 때 큐볼과 제1목적구를 번갈아가며 바라보다 샷을 구사하는 그 순간에는 제1목적구만을 바라보며 샷을 한다.

편한 두께라면 별 문제가 없겠지만 팬 샷과 같이 예민한 샷은 자칫 실수할 수 있다.

겨냥선을 결정했다면 오직 큐볼의 당점만 바라보자.

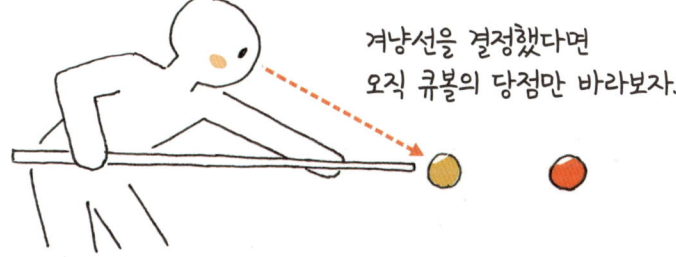

그리고 큐볼을 치려는 생각은 버리고 그 당점에 큐를 가볍게 대준다는 느낌으로 임팩트를 시켜주면 좀 더 안정된 샷을 할 수 있다.

방법론이라는 것은 어디까지나 하나의 제시일 뿐이다. 예민한 두께를 겨냥할 때 반드시 오픈 브리지를 사용해야만 하는 것은 절대 아니며 숙련도에 따라 표준 브리지로도 얼마든지 예민한 두께를 겨냥할 수 있다. 어떤 방법을 사용하든 팬 샷의 특성을 정확히 살려낼 수 있다면 그것이 곧 최선의 방법이다.

< 팬 샷으로 키스 피하기!! >

처음부터 완벽할 수는 없지만 어느 정도 팬 샷을 구사하게 되었다면 ⓑ까지는 아니더라도 ⓐ와 ⓒ의 배치는 어렵지 않게 해결할 수 있다.

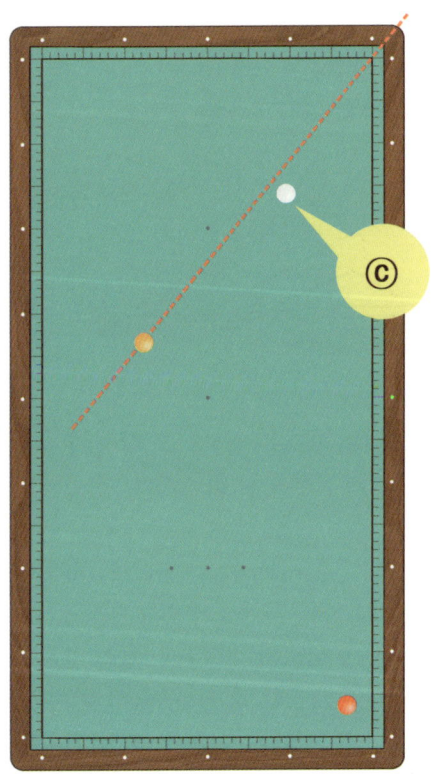

ⓒ는 코너와 큐볼을 잇는 선에서 살짝 오른쪽으로 비켜 있다.
때문에 두 공의 교차점까지 제1목적구가 움직이는 거리는
조금 더 늘어난다.
당연히 키스를 피할 수 있는 확률도 늘어난 거리만큼 높아진다.
적당히 팬 샷을 구사해주면 어렵지 않게 키스를 피할 수 있다.
하지만 두께가 조금만 두꺼워져도 제1목적구의 속도가
빨라지므로 조심해야 한다.
그만큼 예민한 배치이다.

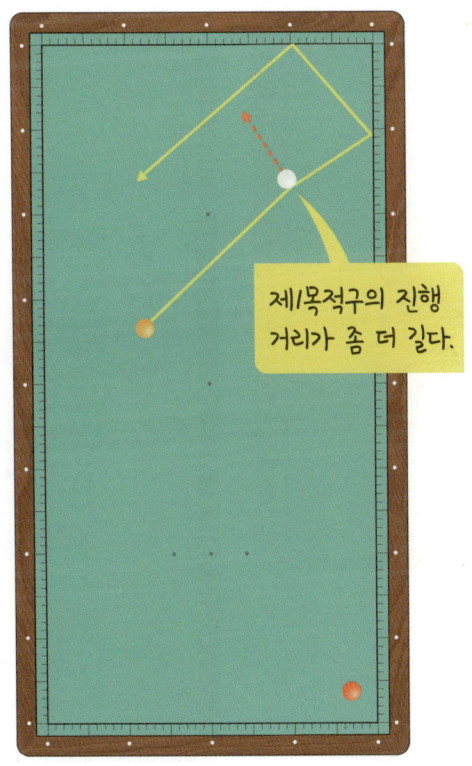

제1목적구의 진행 거리가 좀 더 길다.

ⓐ는 코너와 큐볼을 잇는 선에서 살짝 왼쪽으로 비켜나 있다.

이런 배치에서 키스는 걱정할 필요가 전혀 없다. 왜냐하면 큐볼이 코너를 돌아 교차점에 다다를 동안 이미 제1목적구는 교차점을 통과하여 위쪽으로 올라간 상태이기 때문이다.

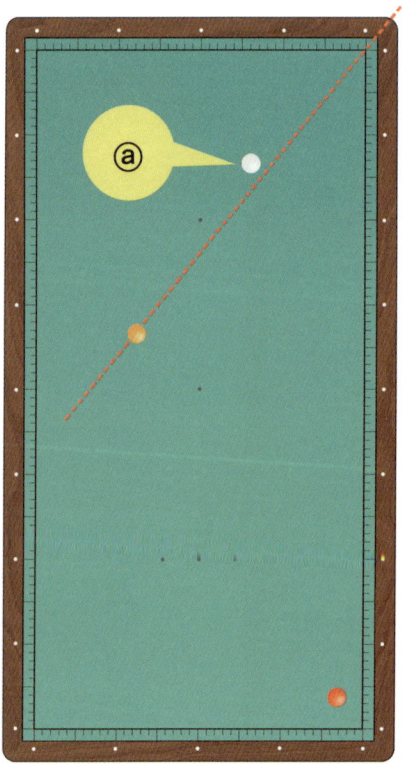

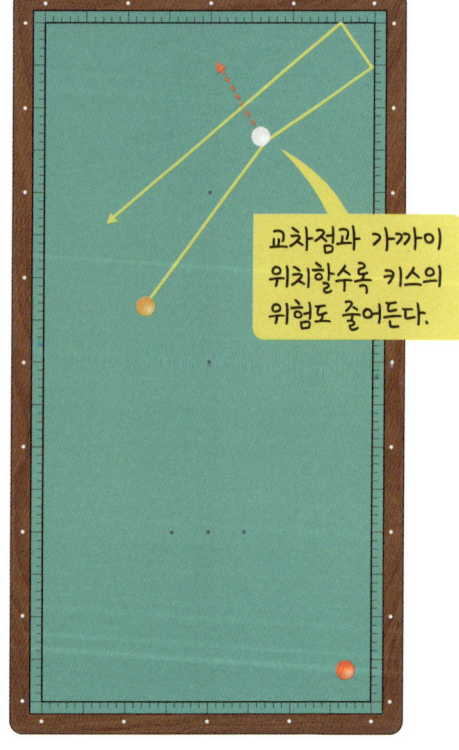

교차점과 가까이 위치할수록 키스의 위험도 줄어든다.

< 키스 판별선을 적극 활용하자!! >

큐볼과 제1목적구 그리고 코너가 일치하게 되면
키스확률이 높아진다.
또한 제1목적구가 장축과 단축 1포인트에 가까이
위치할수록 더욱 심각해진다. 때문에 뒤돌리기를
구사할 때는 반드시 키스 판별선을 먼저 읽고 그에 따른
두께와 샷을 설정해준다면 지금보다 훨씬 비극을
줄일 수 있게 될 것이다.

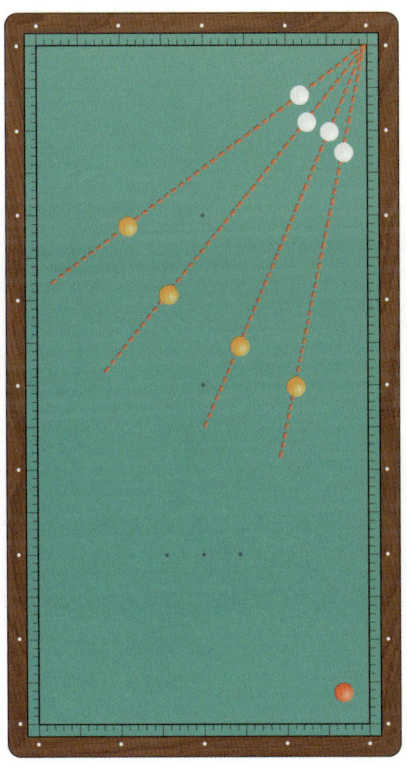

< 짧은 쪽에서 키스 피하기!! >

아래의 배치도는 짧은 쪽에서 뒤돌리기를 칠 때이다.
역시나 제1목적구와 큐볼 그리고 코너가 일직선상에 위치해 있다.
또한 제1목적구가 단축, 장축 1포인트 영역에 위치하므로
만만치 않은 배치이다.

물론 궁극의 팬 샷을 구사한다면 아슬아슬하지만 어떡하든
키스를 피할 수 있겠지만 아무리 고점자라 해도 열 번 쳐서
열 번 모두 성공하기란 결코 쉽지 않다.
그렇다면 짧은 쪽에서의 뒤돌리기는 포기해야 하는 것일까?

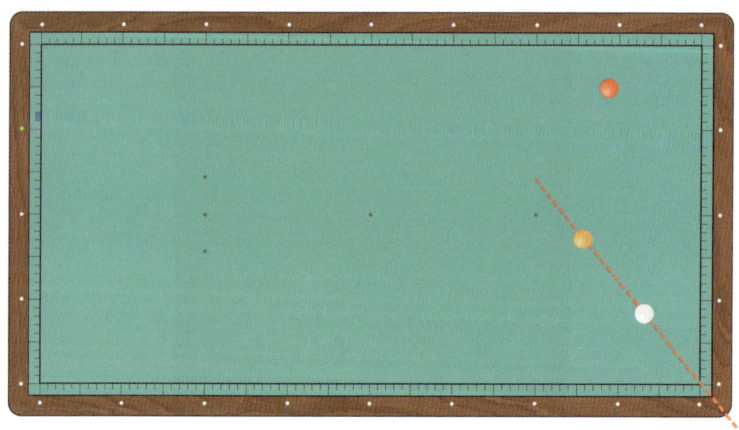

그렇지 않다.
왜냐하면 짧은 쪽에서의 키스 피하기에 특화된 두 번째 방법이
준비되어 있기 때문이다. 바로 두껍게 밀어쳐서 키스를 피하는 방법이다.

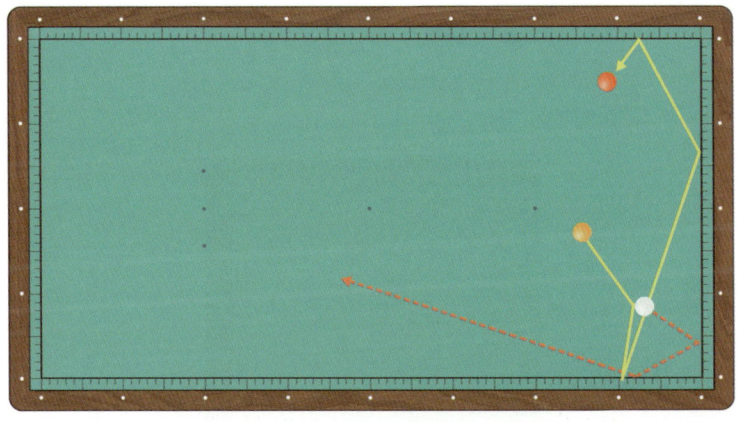

구사방법: 약 3/5두께로 부드럽게
팔로우 스루 샷을 구사할 것.

공략 포인트!!

① 부드럽게 밀어쳐서 제1목적구를
약 0.5포인트로 향하게 하고
큐볼은 장축 1포인트 조금 위쪽으로
향하게 할 것.

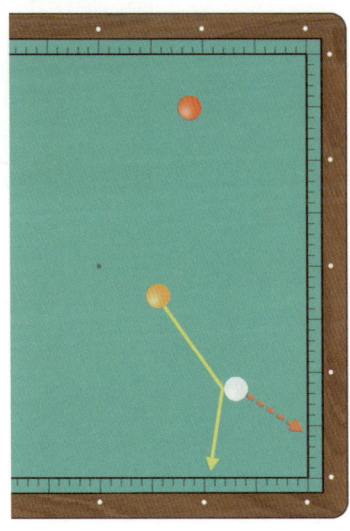

② 제1목적구가 다가오기 직전
반드시 큐볼이 먼저 빠져나가야 한다.

그렇지만 이는 아주 아슬아슬해서 단번에 성공하기란
쉽지 않다. 충분한 연습으로 감각을 익혀둔다면
웬만한 뒤돌리기 배치는 자신감이 넘칠 것이다.

스핀 샷(Spin Shot)

≪ 보이지 않는 키스!! ≫

아래의 배치도를 보자.
적당한 두께로 살짝만 끌어준다면
무난하게 득점진로를 만들 수 있다.

그런데 문제는 제1목적구와
제2목적구와의 키스가 존재한다는 것.
완전 짜증난다!!

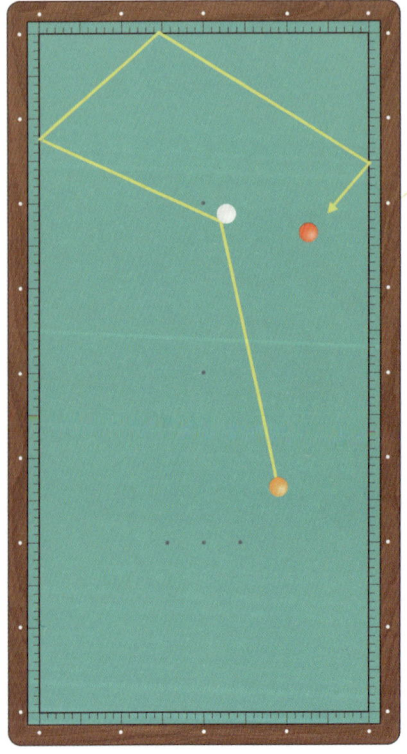

3구를 치다보면 이처럼 제1목적구와 제2목적구의 키스 상황은 비일비재하다. 심지어 어떤 날은 치는 족족 키스가 나는 날도 있다. 그런 날 당구 때려치우기 딱 좋다.

모든 배치에서 키스를 해결한다는 것은 아무리 고점자라 해도 절대 불가능하다. 키스가 쉽게 눈에 들어오는 배치들도 있겠지만 발견하기 정말 까다로운 배치도 부지기수이기 때문이다.
분명한 것은 키스가 빤히 보이는 배치라면 반드시 해결할 수 있는 스킬을 갖추어야 한다는 것이다.
좀 더 업그레이드된 당구를 즐기고 싶다면!!

< 제2목적구와의 키스를 해결하기 위한 절대 스킬!! >

가장 대표적인 방법은 제1목적구를 쿠션에 수직으로 입사시키는 방법이다.

제1목적구를 수직으로 입사시키면 이후 제1목적구의 반사각을 읽기도 쉽고 그 방향성 또한 단순해지므로 제1목적구에 의한 변수를 최대한 줄일 수 있다.

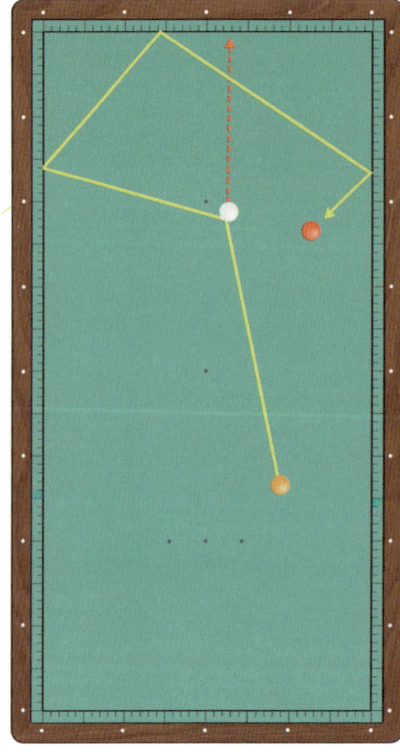

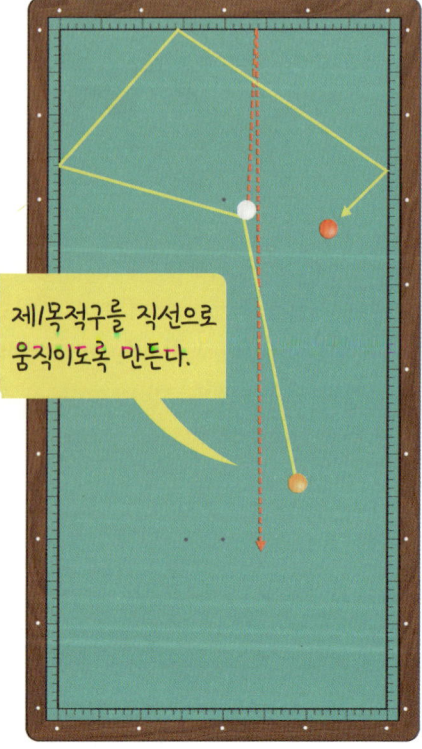

제1목적구를 직선으로 움직이도록 만든다.

다만 이때의 고민꺼리는 득점진로를 만드는 것이 만만치 않다는 것인데..

ⓐ의 진로는 위의 배치도에서 가장 흔하게 실패하는 경우이다.
제1쿠션 지점을 똑같이 입사시켰음에도 제2쿠션 쪽으로 꺾이지 않고
밋밋하게 서버리는 이유는 큐볼의 진행속도가 지나치게 빠르기 때문이다.
속도가 빠른 큐볼은 회전력이 작용할 틈이 없다는 사실을
망각해버린 증거이다.

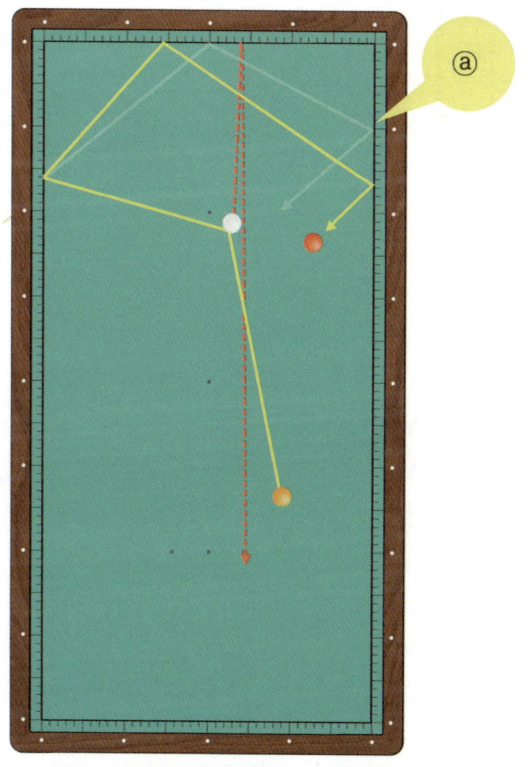

올바른 공략방법은 큐볼의 횡회전력을 극대화하여
제1쿠션으로 아주 느릿느릿 입사시켜야 한다.
이렇게 구사되는 샷을 스핀 샷(Spin Shot)이라고 한다.

47. 스핀 샷(Spin Shot)

〈 스핀 샷(Spin Shot)을 구사해보자!! 〉

스핀 샷을 구사할 때의 두께는 약 3/4 정도로 아주 두껍다.
(배치에 따라 약간의 차이는 있겠지만 약 3/4를 기준점으로 할 것.)

당점은 회전력이 가장 잘 살아날 수 있는
중단 3팁 당점과 4팁 당점을 사용한다.

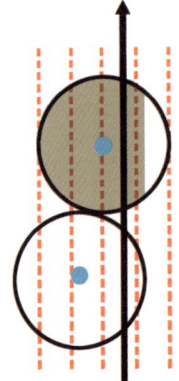
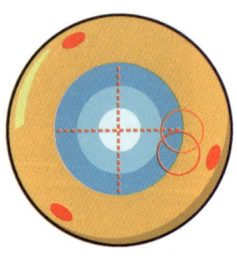

스핀 샷이라고 해서 브리지와 그립 위치 등을 특별히 바꿀 필요는 없다.
표준 밀어치기와 동일하게 잡아주자. 단, 스핀 샷을 제대로
구사하기 위해서는 반드시 지켜야 할 두 가지 요소가 있는데
이 두 가지 요소만 확실하게 지켜준다면 어렵지 않게
자신의 스킬로 만들 수 있을 것이다.

〈 브리지 위치와 그립 위치 〉

〈 스핀 샷의 절대 코드 〉

첫 번째는 그립의 견고함이다.
예비 스트로크의 시작부터 그립을 아주 견고하게 쥐어야 한다.
만약 스트로크의 롤링(rolling)을 방지하기 위한 방법으로 엄지손가락을 아래쪽으로 편 상태의 그립이라면 이를 원래의 펌 그립 상태로 수정해주어야 한다.

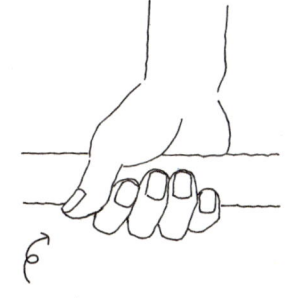

엄지손가락을 편 상태라면

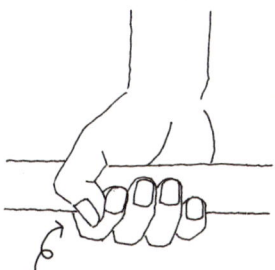

엄지손가락을 집게 손톱 위에 올려 단단히 고정해줄 것.

〈 그립 포인트!! 〉

기본 펌 그립 상태에서 손에 힘을 주어
큐를 완전히 밀착시켜 잡는다.

두 번째는 샷의 속도이다.

초심자의 밀어치기 샷 진행과정을 잠깐 살펴보자.

가장 먼저 눈에 밟히는 것은 예비 스트로크의 속도이다.
굉장히 빠르다. 먹이를 향해 달려드는 킬리만자로의
굶주린 한 마리 늑대 같다.

당연히 예비 스트로크의 속도가 빠를수록
메인 스트로크의 속도 또한 빨라지게 되는데..

안타깝게도 이 굉장한 샷 속도가 올바른 밀어치기 샷을
구사할 없게 만드는 결정적 요인이 되고 만다.
이유는 너무나 명확하다.

서서히 힘을 주며 그네를 밀어줄 때와

느닷없이 퍽~밀어줄 때와는 달라도
한참 다르기 때문이다.

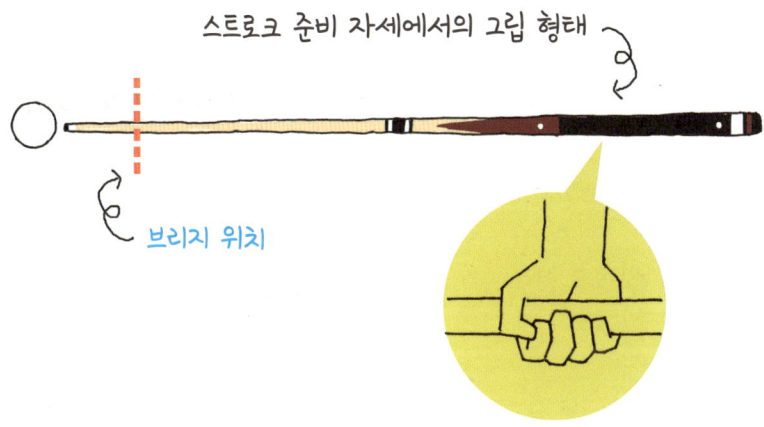

일반적으로 예비 스트로크의 간격은 브리지의 약 절반 정도이므로 백스윙 단계의 그립 형태는 비교적 잘 유지된다.

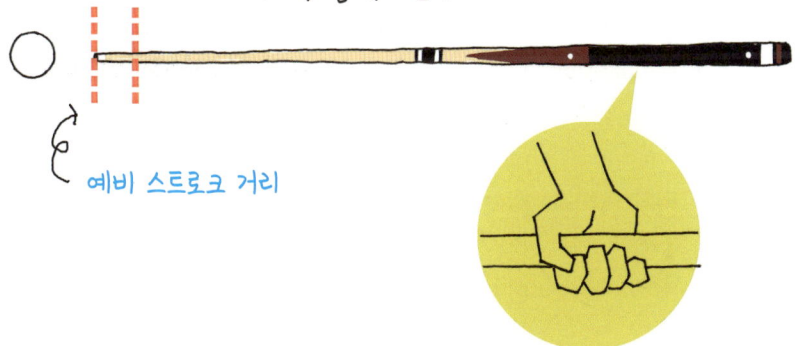

47. 스핀 샷(Spin Shot)

하지만 메인 스트로크의 백스윙 길이는 브리지의 끝 지점까지
진행되므로 팔의 구조상 그립을 풀어줄 수밖에 없는데

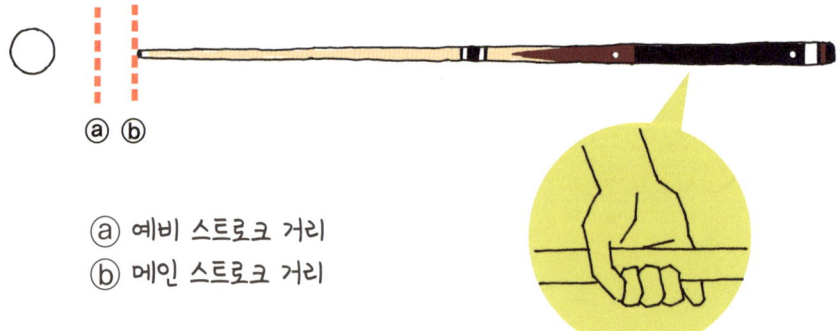

ⓐ 예비 스트로크 거리
ⓑ 메인 스트로크 거리

이는 백스윙 단계에서 발생하는 피칭(pitching)현상을
최소화시켜주기 위해 의도적으로 행하는 지극히 정상적인 방법이다.

(백스윙 동작에서 생기는 큐의 피칭현상을
그립을 풀어주는 것으로 큐의 수평운동을 유지시켜준다.)

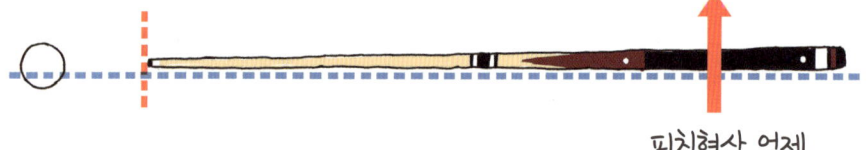

피칭현상 억제

피칭(pitching)현상이란?
물체가 위아래로 흔들리는 현상,
반대로 롤링(rolling)현상은 물체가 좌우로 흔들이는 현상.

문제는 메인 스트로크의 속도가 지나치게 빠르면 풀었던 그립을
다시 원상태로 되돌리기 어렵다는 것.

느린 스트로크에서는 큐가 임팩트 지점에 도착하는 동안 그립에
힘을 서서히 증가시켜 떨어진 손바닥과 손가락을 자연스럽게
다시 원상태로 만들 수 있지만

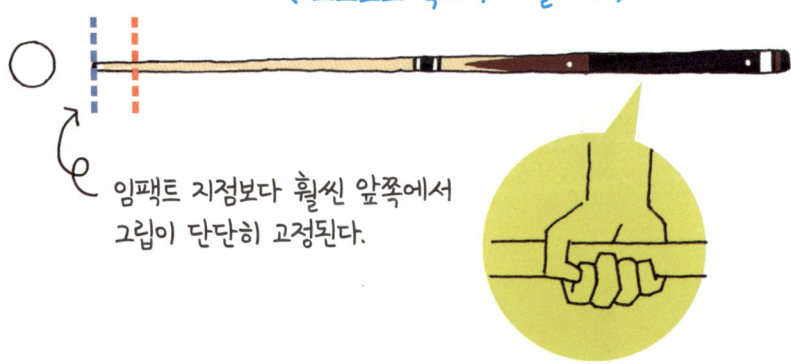

< 스트로크 속도가 느릴 때 >

임팩트 지점보다 훨씬 앞쪽에서
그립이 단단히 고정된다.

빠른 속도의 스트로크에서는 그립의 결속력을 높이기도 전에
이미 큐 끝이 임팩트 지점에 도착한다. 어쩔 수 없이 임팩트 지점 코앞에서
황급히 그립을 쥐게 되는데 그나마도 그립을 쥔다면 다행이겠지만
대부분 그립을 쥐기도 전에 임팩트되고 만다.

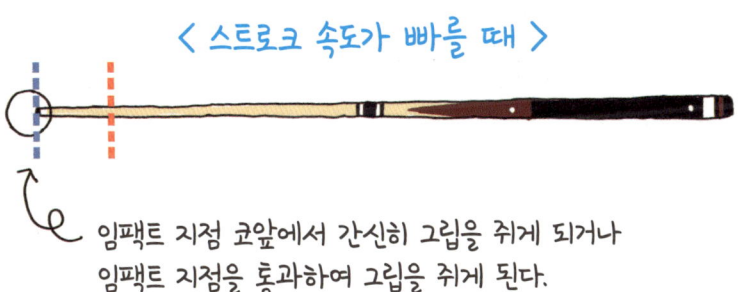

< 스트로크 속도가 빠를 때 >

임팩트 지점 코앞에서 간신히 그립을 쥐게 되거나
임팩트 지점을 통과하여 그립을 쥐게 된다.

47. 스핀 샷(Spin Shot)

이렇게 구사된 샷은 큐볼을 터무니없이
가볍게 만들어 분리각을 엉망으로 만든다.

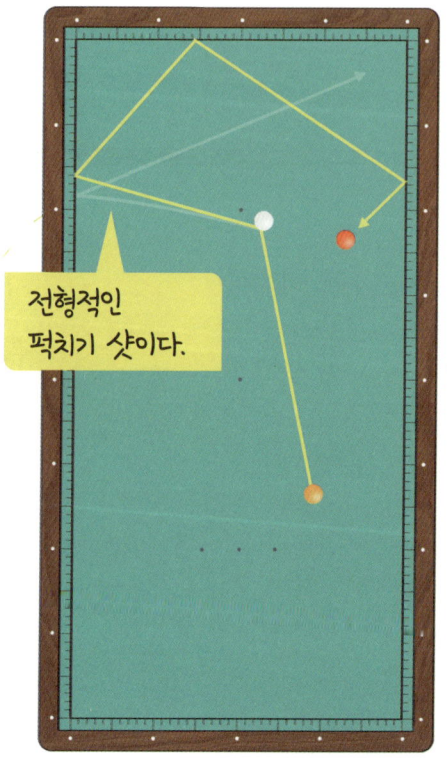

큐볼의 가벼움은 제1목적구의 강력한 반발력으로
끌림의 특성까지 더해지며 회전력과 전진력을 몽땅 소진해버리고 만다.
한마디로 굴러 먹은(?) 진로가 만들어지는 것이다.

≪ 머물러 있자!! ≫

스핀 샷을 올바로 구사하려면 임팩트 지점 이전에 이미 충분히 그립을 단단히 쥔 상태여야 한다. 그런데 문제는 바로 이 부분이 초심자에게는 정말이지 곤혹스럽다는 거..

이쯤에서 우리에게 필요한 것은 과감한 결단력이다.
지금까지의 예비 스트로크 동작을 과감하게 바꿔보자.

바꿔~ 바꿔~
모든 걸 다 바꿔~~

백스윙 동작에서 의도적으로 피칭을 만들어주는 것이다.
예비 스트로크의 백스윙 동작에서 그립을 전혀 풀어주지 않게 되면 팔의 구조상 큐는 어쩔 수 없이 뒤쪽으로 들려올라가게 되는데

피칭의 폭이 커진다.

전혀 개의치 말고 예비 스트로크 동작을 해보자.
어떻게 될까?

47. 스핀 샷(Spin Shot)

당연히 그립 뒤쪽이 좀 더 들릴 것이고 예비 스트로크 자체가 마치 시소를 타듯 오르락내리락하게 된다.

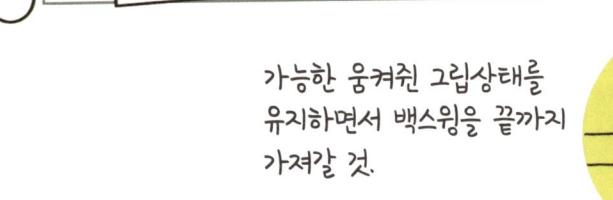

가능한 움켜쥔 그립상태를 유지하면서 백스윙을 끝까지 가져갈 것.

이렇게 되면 포워드 스윙(Forward Swing) 시 당점이 틀어질까 겁나겠지만 사실 그렇지 않다. 왜냐하면 스핀 샷을 구사할 단계까지 왔다면 이미 스트로크는 어느 정도 안정된 상태이므로 큐가 당점으로 다가올 때는 자연스럽게 샷의 궤적이 맞춰진다.

만약 임팩트 순간 당점이 위쪽이나 아래쪽으로 틀어진다면
그 틀어지는 폭만큼 당점을 오조준 해주면 된다. 예를 들어 중단 스핀을
구사하려고 했지만 상단으로 살짝 올라갔다면 처음부터 당점을
에러 폭만큼 하단으로 내려서 당점을 잡아줄 것.

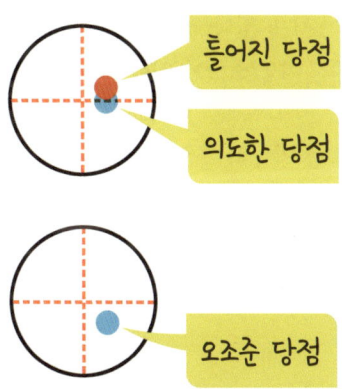

그리고 사실 스핀 샷을 구사할 때 가장 큰 핵심은 정확한 당점보다는
두께와 샷의 처리가 무엇보다 중요하기 때문에 먼저 피칭을 이용한
샷 감각부터 익혀보자!!

포인트!!
피칭을 의식적으로 만들게 되면
스트로크의 속도를 좀 더 느리게 만들 수 있다.
또한 샷 자체에도 일정한 리듬감이 생겨
과도하게 가속되지 않는다.

"적당한 피칭은 샷의 활력소이다!!"

≪ 스테이 다운(Stay Down) ≫

스핀 샷과 같은 강한 밀어치기를 구사할 때 가장 중요한 것은 무엇일까?
당점? 두께? 브리지? 그립?
사실 이 중 뭐 하나 중요하지 않은 것은 없겠으나 그럼에도
가장 중요한 것 한 가지가 있다. 바로 샷을 한 후 망부석마냥
그 자리에 꼼짝 않고 "머물러 있기"이다.
이를 "스테이 다운(Stay Down)"이라고 하는데
스핀 샷의 가장 중요한 마무리 동작이다.

① 피칭을 활용하여 백스윙의 정점에서 샷을 출발시킨다.

② 자연스럽게 큐선이 맞춰지며 의도한 당점으로 향한다.

③ 임팩트!!

④ 큐를 충분히 전진시킨 뒤 그 자리에 멈춘다.
   (약 2~3초 정도 그대로 머물러 줄 것.)

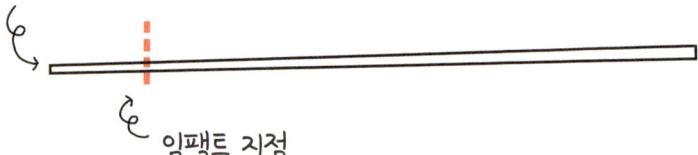

임팩트 지점

스핀 샷은 약간의 하단 당점을 사용하므로 큐선이 처음부터
바닥쪽으로 기울어져 있다. 때문에 샷을 했을 때 큐 끝이 바닥면에
거의 근접하게 되는데 스테이 다운이란 바로 이 상태를
유지해주는 것을 말한다.

문제는 초심자의 경우 임팩트와 동시에 샷 자세를 풀어버린다는 것.
완전 곤란하다. 어째서???
임팩트 순간 이미 큐볼은 날아갔는데 샷 동작이 흐트러지든
스테이 다운을 하든 무슨 상관?라고 생각할 수도 있겠지만
우리들 눈으로 볼 수 없는 1/1000초라는 찰나의 시간 속에는
사실 어마어마한 물리법칙들이
작용하고 있기 때문이다.

그러나 굳이 1/1000초 동안에 벌어지는
물리현상을 이해하려 속 썩을 필요는 없다.
오직 한 가지 사실만 기억하면 된다.

큐볼에 강한 회전력과 관성력을 실어주기 위해서는 임팩트 순간
제1목적구의 반발력을 어떡해든 이겨내야만 한다는 오직
이 하나의 대명제 말이다.
이를 위해서는 임팩트 순간 큐가 큐볼을 뚫고 큐 끝이 반드시
테이블 바닥에 닿을 정도까지 진행해주어야 하는데
이때의 스테이 다운이란 곧 완전한 팔로우 스루 동작인 것이다.
딱 이것 하나만 기억해두자!!

"스테이 다운을 한다는 것은 곧 정확한 팔로우 스루가 되고 있다는 뜻이므로 꿩도 먹고 알도 먹고 있다는 것!!"

사실 "스테이 다운"이란 모든 샷에서 표현되어야 할 샷의 가장 핵심적인 부분이다. 끊어치는 샷이든 끌어치는 샷이든 스테이 다운이 생략된 샷은 그 구질이 완벽히 표현될 수 없다.

다양한 샷에서 스테이 다운을 어떻게 표현하고 있는지 이참에 자신의 샷을 점검해보자.

47. 스핀 샷(Spin Shot)

< 스핀 샷으로 만들어내는 득점진로!! >

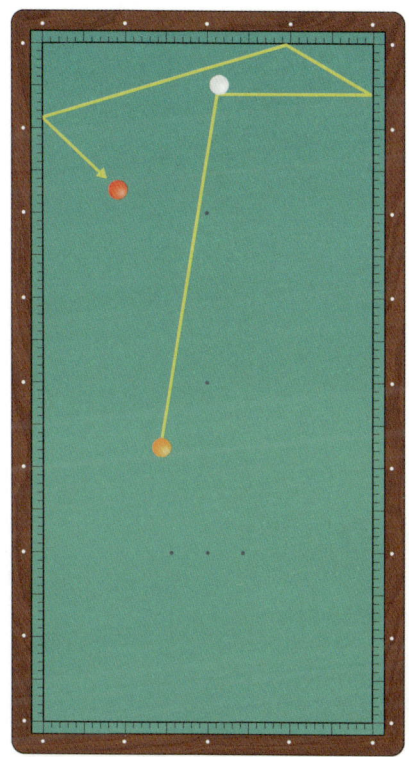

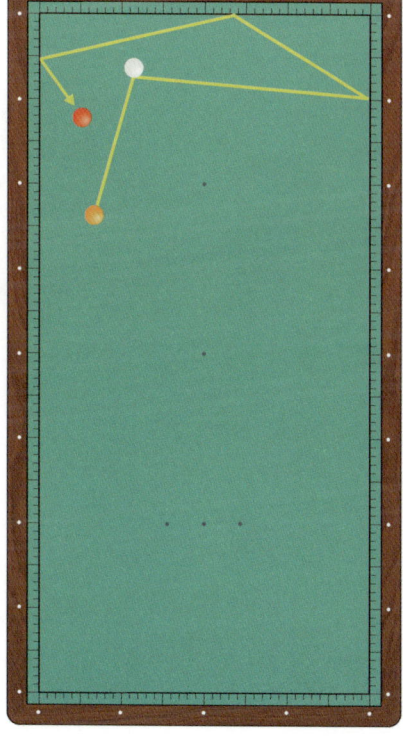

47. 스핀 샷(Spin Shot)

뒤돌리기와 두께 겨냥방법

≪ 뒤돌리기와 두께 겨냥방법 ≫

3쿠션 게임에서 초심자에게 가장 자신 있는 공 배치라면 역시나 뒤돌리기!!
그러나 실전이란 결코 녹록치가 않아서.

그런데...

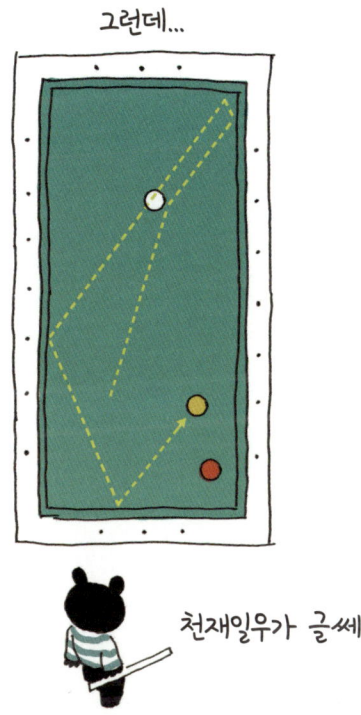

천재일우가 글쎄

형~ 오늘 즐거웠어, 담에 또 한 게임하자구~

쌈짓돈까지 털어갈 줄 누가 알았겠어.

뒤돌리기를 공략할 때 초심자가 가장 많이 범하는 실수는 무엇일까? 바로 두께이다.
그것도 웬만큼 적당히 맞아주기만 해도 득점되는 배치에서조차 터무니없는 실수로 멘탈은 급 붕괴되어 게임은 엉망진창이 되고 마는데.

지금부터 뒤돌리기를 공략할 때의 두께 겨냥법의 비기를 털어보자!!

이놈 루팡 3세

≪ 1/2두께 겨냥방법 ≫

가장 안정적인 겨냥방법 중 하나이다.
악마적 고민거리 중 하나인 스쿼트를 원천적으로 봉쇄시킬 수 있다.

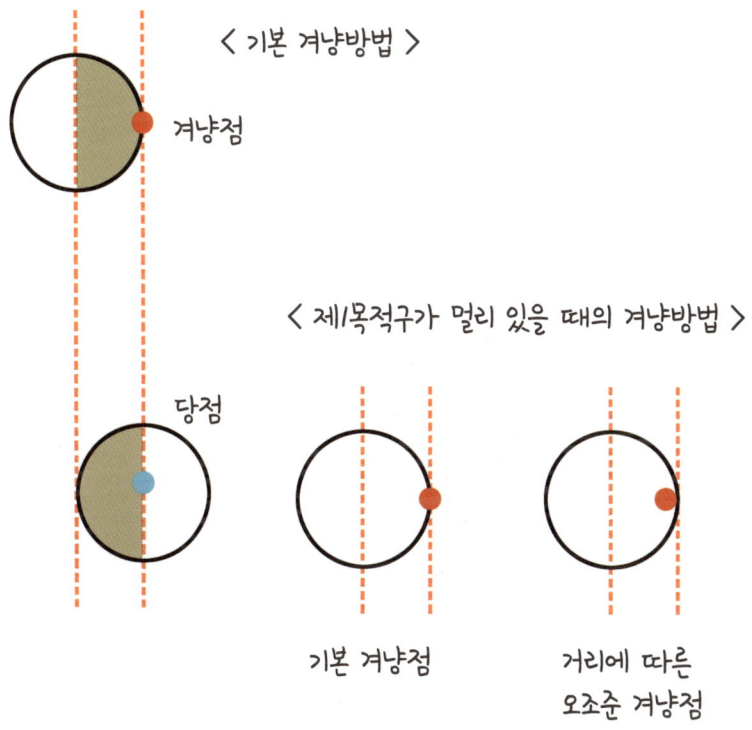

그러나 제1목적구가 4~5포인트 이상 떨어져 있다면
주안시라는 괴물과의 절묘한 타협이 요구된다.
때문에 주안시에 따른 자신만의 시각적 오차를 꼭 알아두어야 하는데
예를 들어 감각적으로 정확히 1/2을 겨냥했지만 생각보다
얇게 맞는다면 그 오차 폭만큼 오조준하여 겨냥하면 된다.

《 회전 당점으로 겨냥할 때 》

뒤돌리기는 그 득점진로의 특성상 회전 당점을 사용하는 것이 가장 일반적인 공략방법이다.
(물론 무회전 당점으로 공략할 때도 아주 많다.)
이때 회전 당점 방향은 순방향이 아닌 역방향 당점을 사용한다는 것인데.

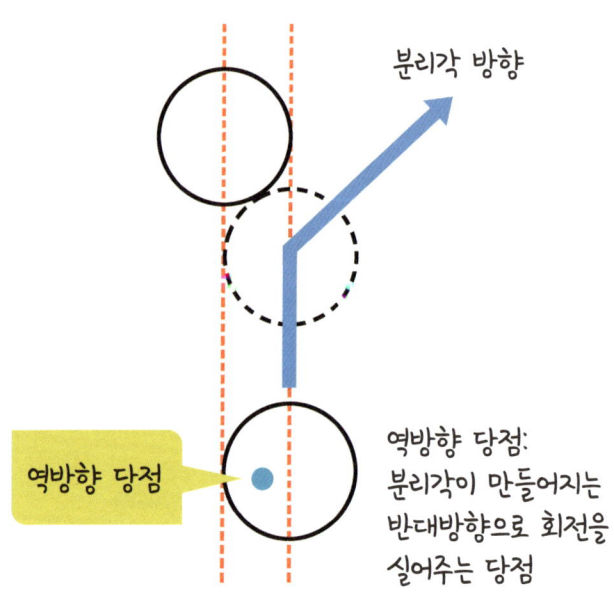

그런데 여기에는 아주 즐거운 사실 하나가 숨어 있다.
다름 아닌 겨냥점을 제1목적구 안쪽에 찍을 수 있다는 사실 말이다.

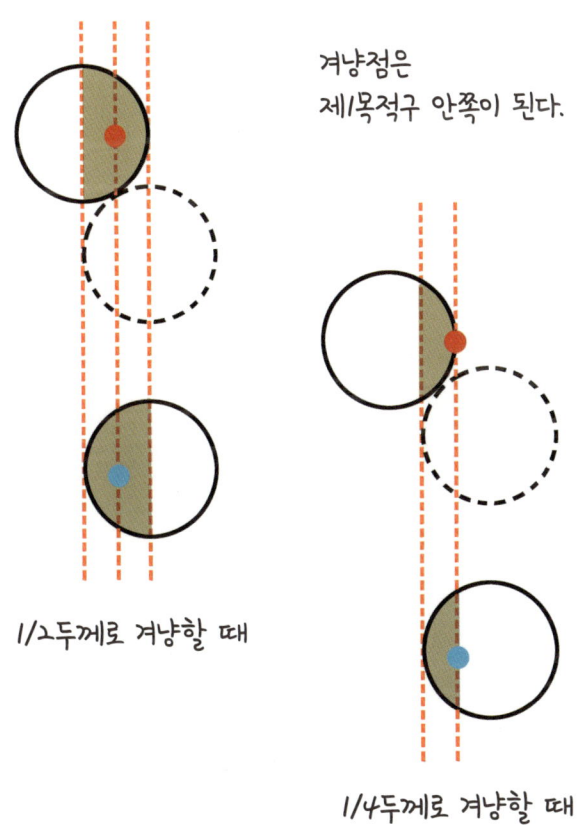

겨냥점은
제1목적구 안쪽이 된다.

1/2두께로 겨냥할 때

1/4두께로 겨냥할 때

순방향 당점으로 구사하는 앞돌리기의 경우 제1목적구 옆쪽으로 가상의 공을 그려 그 가상의 공을 가늠하며 겨냥점을 찍는다. 이는 곧 허공을 겨냥한다는 것이니 사람의 눈이 홀로그램 투사기도 아니고 미칠 노릇이다.

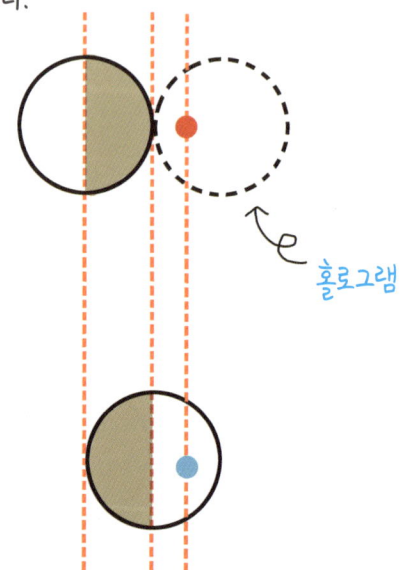

이러니 제1목적구 안쪽에 겨냥점을 찍는 일이 어찌 즐겁지 아니한가.

당구는 쉽고 편하게 치는 게 좋다.
어렵게 치려한다면 한도 끝도 없다. 두께 역시 마찬가지이다.
1/8, 2/8, 3/8과 같은 눈 뒤집힐 두께 익히기보다는 겨냥하기
가장 편한 몇 가지 두께만 완벽하게 익혀두자.
두께를 극복하는 지름길이 될 것이다.

< 기본 당점 잡기 >

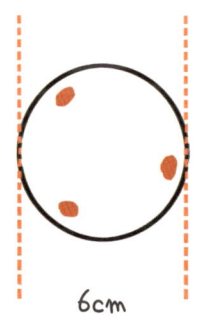

당구공은 약 61.5mm이다.
거두절미하여 6cm라고 생각하자.
당구 치는데 이상 없다.

이를 정확히 둘로 나누면 한쪽 당 3cm이다.

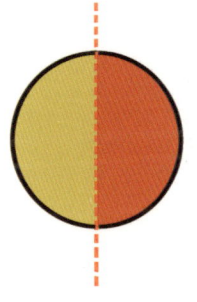 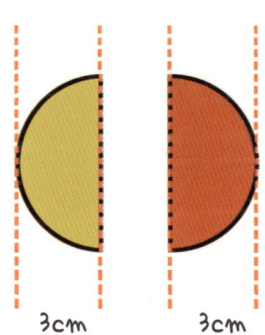

둘로 나눈 각각의 면적을 또다시 이등분하여
양쪽 모두 선분(segment) Ⓢ를 긋자.

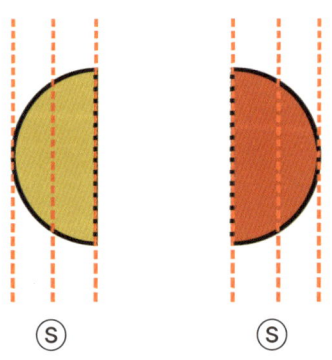

이 선분은 양쪽 모두 정확히 1.5cm에 위치한다.

이제 이 두 선분 Ⓢ에 왼쪽은 당점을,
오른쪽은 겨냥점을 찍어주자!!

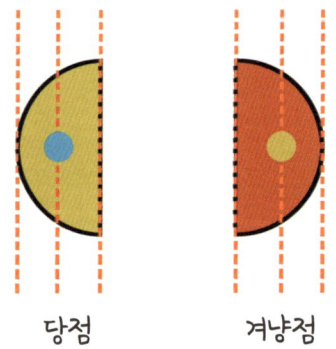

당점   겨냥점

마지막으로 이들을 위쪽과 아래쪽으로 위치시킨 후
선분을 일치시킨다.

위쪽은 제1목적구의 오른쪽 3cm 영역이며
아래쪽은 큐볼의 3cm 영역이다.
이 둘을 일직선상에 위치시켜 주면
완벽한 1/2두께가 된다.

제1목적구

큐볼

얼쑤~

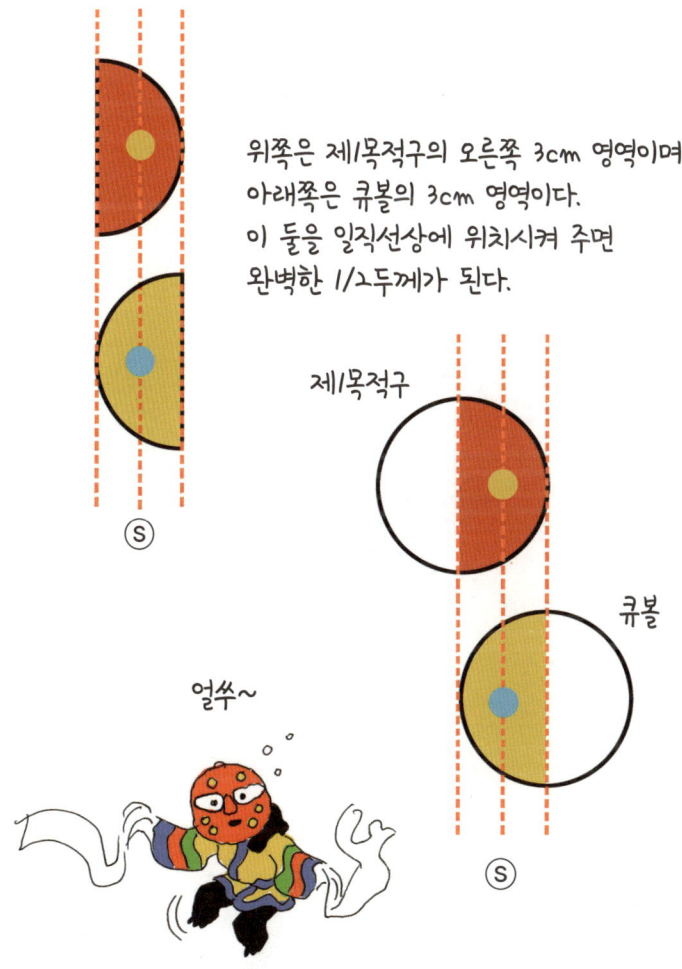

위의 1/2두께 겨냥법은 실전에서 제1목적구가 전개도 A에서처럼
약 2~3포인트 정도 떨어진 위치에 있을 때 사용한다.

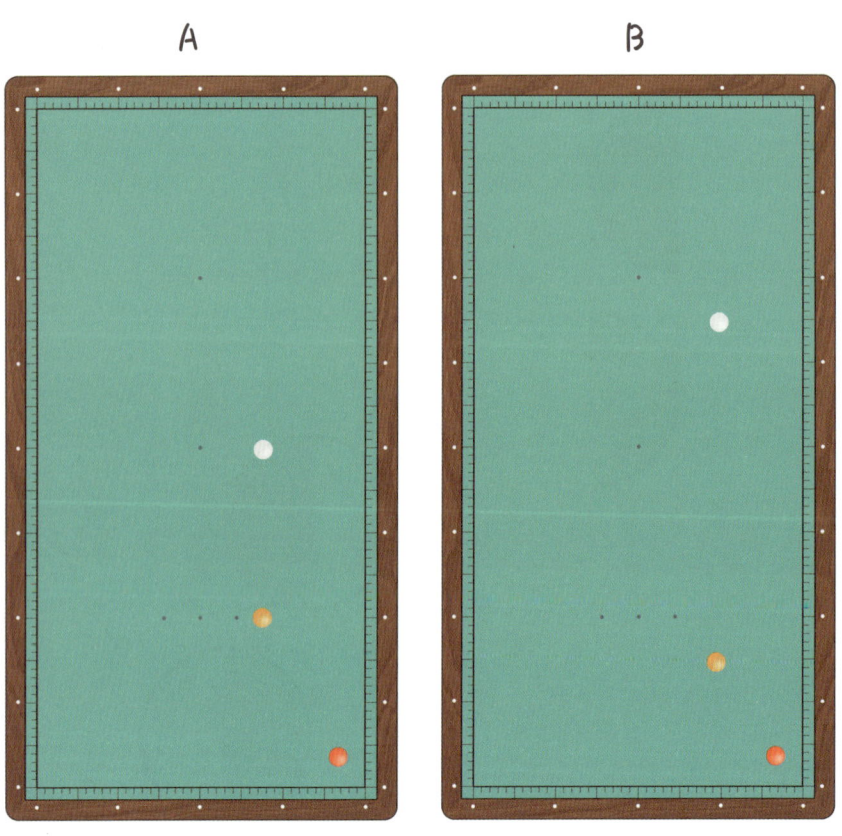

전개도 B에서처럼 제1목적구가 4~5포인트 이상 떨어져 있다면
이때는 스쿼트와 주안시에 대한 오차폭을 교정해주어야 하는데

《 큐선과 두께 》

이때 사용되는 두께 겨냥방법의 "절대비기"
그것은 다름 아닌 큐선을 활용하는 것이다.

"큐선은 3가지가 있다."

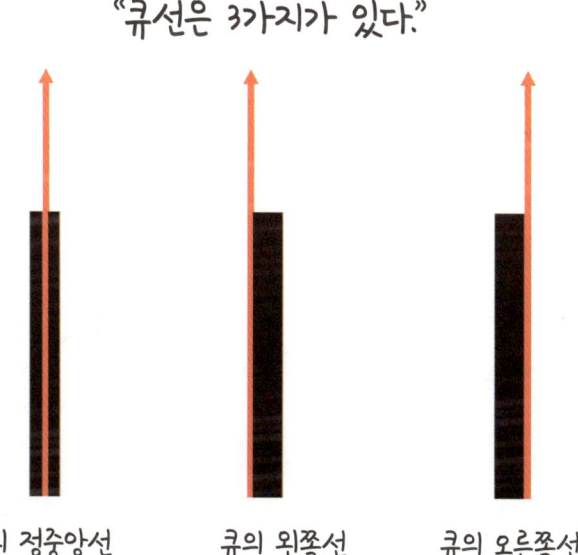

큐의 정중앙선   큐의 왼쪽선   큐의 오른쪽선

위의 큐선을 활용하기 위해서는 먼저
팁 크기에 대한 이해가 필요하다.

12mm

팁은 약 12mm이다.
(사용을 많이 할수록 상대가 얇아지며
그에 따라 팁도 12mm 이하로 줄어든다.)

"이는 당점 하나가 차지하는 면적이 약 1cm라는 뜻이다."
(정확히는 1.2mm이지만 거두절미하고 이해하자. 머리만 아파진다.)

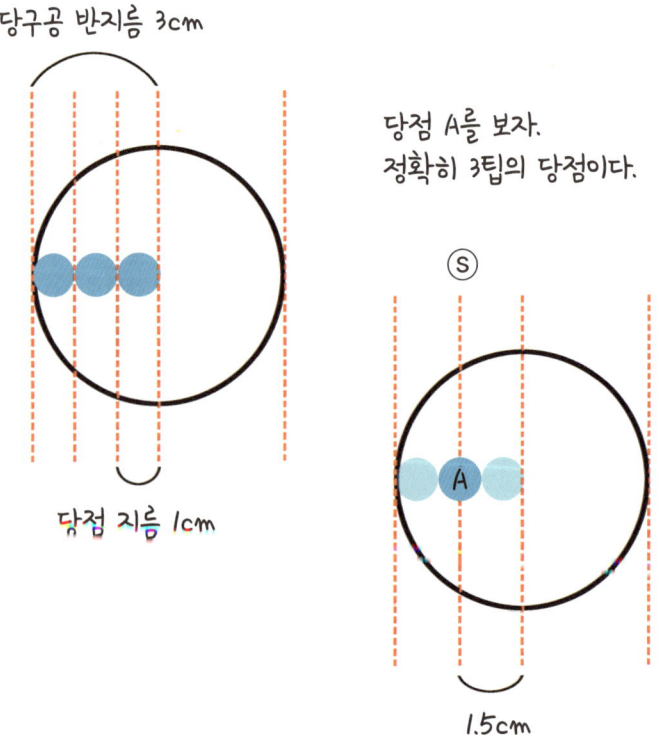

그리고 이 당점이 위치하는 선분 Ⓢ는 당구공 반지름의 또 반지름인 1.5cm지점이다.
(선분 Ⓢ는 뒤돌리기를 구사할 때 가장 많이 사용하는 당점영역.)

뒤돌리기를 구사할 때 사용되는 대표적인 4가지 두께와 그 두께에 따른 충돌면적.

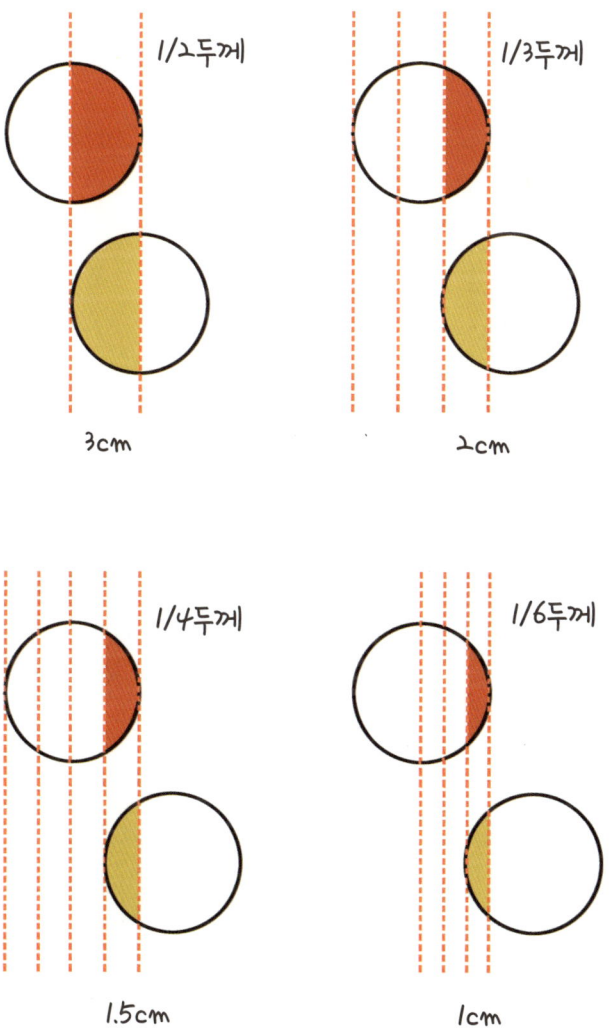

≪ 큐선을 이용한 1/3두께 겨냥방법 ≫

1/3두께는 2cm로 충돌한다.
그런데 당점은 큐볼의 1.5cm 지점. 약 5mm가 부족하다.
부족한 5mm를 채우려면?

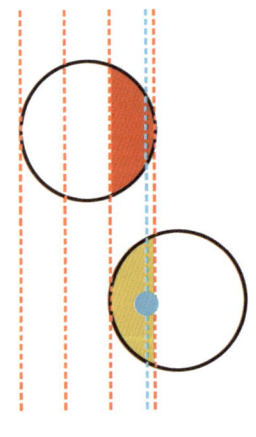

당점 1.5cm 지점

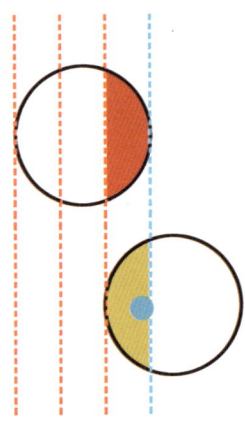

오른쪽 큐선과 제1목적구의
끝선을 맞춰 겨냥한다.

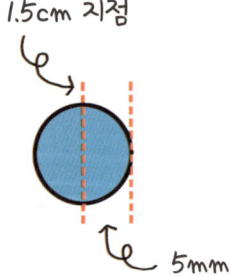

1.5cm 지점

5mm

팁은 1cm이다.
팁 정중앙이 큐볼의 1.5cm 지점에
위치해 있으므로 오른쪽 큐선까지는
5mm의 폭이 존재한다는 것.
그 폭을 더해주면 정확히 2cm가 된다.

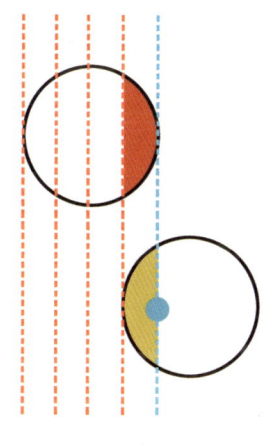

≪ 1/4두께 겨냥방법 ≫

1/4두께는 1.5cm로 충돌한다.
당점이 1.5cm에 위치하므로 정중앙 큐선을
이용하여 제1목적구 끝을 겨냥한다.

1.5cm

≪ 1/6두께 겨냥방법 ≫

1/6두께는 1cm로 충돌하므로
이때는 왼쪽 큐선을 이용한다.
완전 얇은 두께이다.

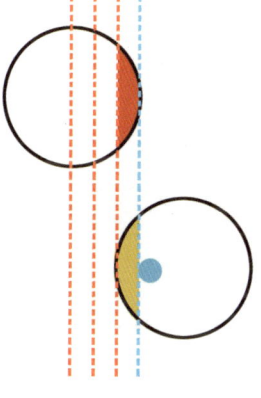
1cm

두께 겨냥이 어려웠다면 위에 제시된 왼쪽 큐선과 오른쪽 큐선을 적절히 활용해보자. 지금보다 훨씬 더 안정적으로 두께가 맞는 것에 깜짝 놀랄 것이다.

〈 제1목적구가 멀리 위치할 때의 겨냥방법 〉

제1목적구가 멀리 위치할 때 가장 고민되는 것은 역시나 스쿼트와 주안시에서 오는 오차 폭이다. 하지만 여기에도 어느 정도 규칙이 있다. 정말이지 샷 연습을 지독히도 안 해서 극악무도한 스쿼트를 만드는 샷이 아니라면 아무리 초심자라 할지라도 그 오차 폭은 약 1cm정도로 결코 크지 않다는 것이다.
때문에 보정값으로 0.5~1cm를 주면 대부분 해결된다.

예제 1〉

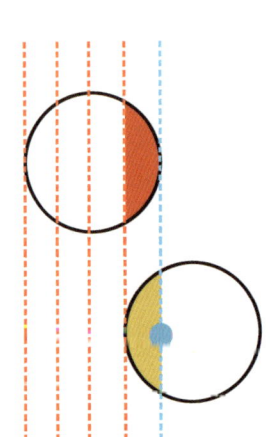
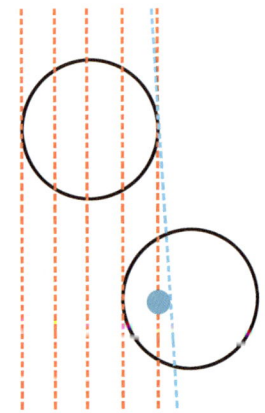

기본 1/4두께 겨냥방법   보정값을 사용한 1/4두께 겨냥방법
(제1목적구가 4~5포인트 떨어져 있을 때)

오른쪽 큐선을 이용하여 제1목적구 끝선을 겨냥한다.
이는 1/3두께 겨냥법이기도 하지만 제1목적구가 멀리 위치할 때 그 오차 폭을 감안하여 5mm의 두께를 더 주는 것이다.
만약 5mm로도 해결되지 않는다면 5mm를 더 줘 보자.

예제 2>

1/2두께 역시 거리가 멀다면 오른쪽 큐선을 활용하여
5mm씩 두께를 더 주면서 자신만의 보정값을 찾아보자.

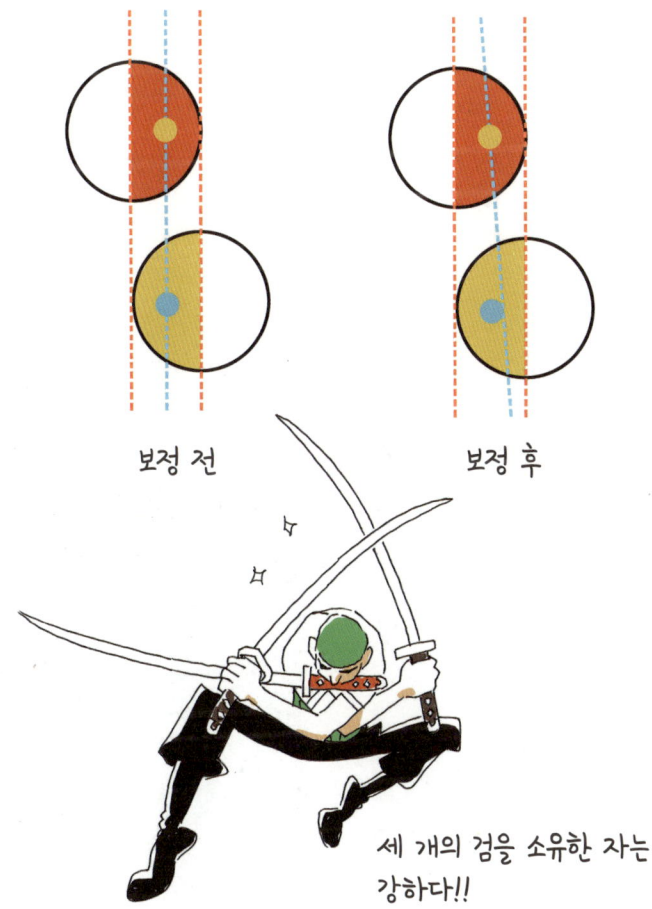

보정 전　　　　보정 후

세 개의 검을 소유한 자는
강하다!!

완전 특급 보너스, 보너스!!
≪ 궁극의 뒤돌리기 얇게 공략하기!! ≫

다음의 전개도를 보자.
이와 같은 공배치에서 득점진로를
찾아내는 것은 사실 아무리
초심자라 해도 어렵지 않다.

한눈에 딱~봐도 뒤돌리기!!
정작 문제는

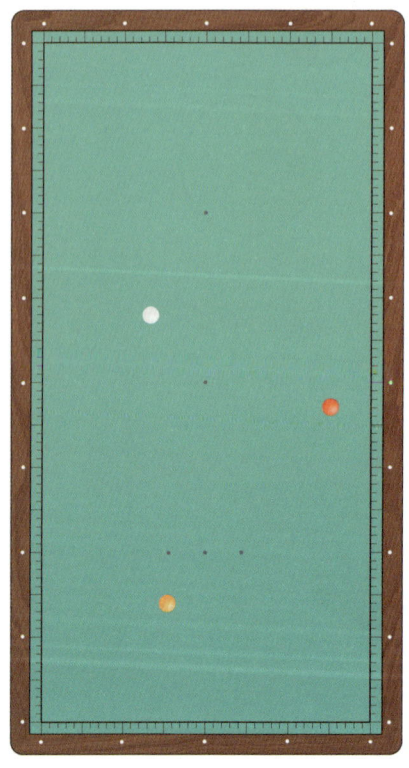
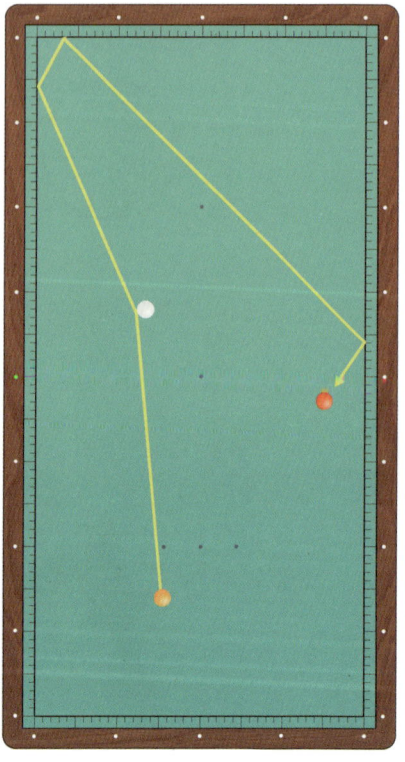

이렇게 되거나.. 이렇게 된다는 거.

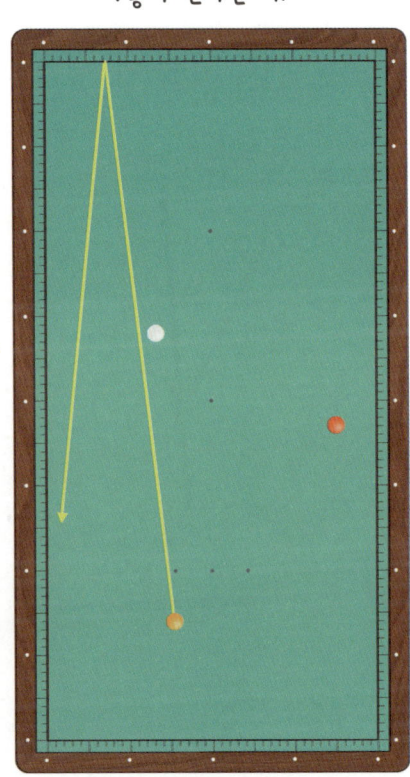

답을 알고 있으면서도 문제를 풀 수 없다는 것은 참 슬픈 일이다.

여기서 잠깐!!

주의사항: 정확한 분리각은 제1목적구에 충돌하는 큐볼의 위치에서부터 각을 계산하여야 한다.

전개도의 분리각   실제 분리각

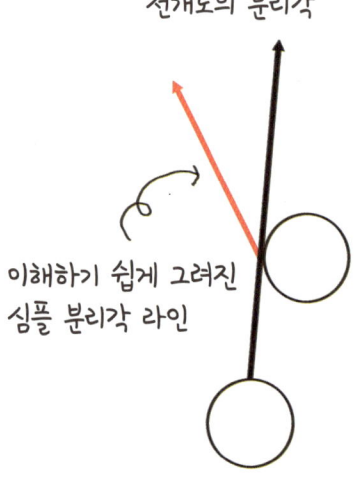

이해하기 쉽게 그려진
심플 분리각 라인

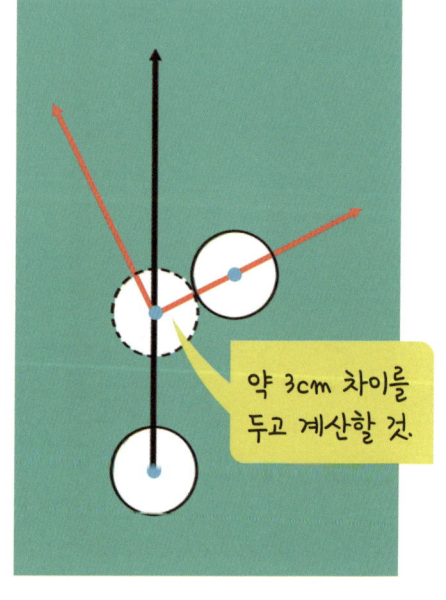

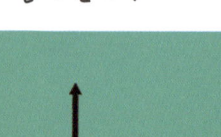
약 3cm 차이를
두고 계산할 것.

큐볼의 진행각도도 다르며
분리각의 크기도 약간의
차이가 있다. (좀 더 작음.)

실전에서 분리각을 계산할 때는 반드시 제1목적구로부터
공 반 개(큐볼의 반지름) 정도의 거리를 두고 계산하여야 한다.
이를 간과하고 단지 눈으로만 분리각과 두께를 계산하다보면
낭패를 당하기 쉽다.
(1/2 이상의 두꺼운 두께를 겨냥할 때는 논외이다.)

실제 분리각을 계산해보면 약 18°. 알고 보니 팬 샷도 웬만한 팬 샷으로는 어림 반 푼어치도 없다는 것인데. 그렇다면 도대체 18°의 분리각을 만들 수 있는 두께는?

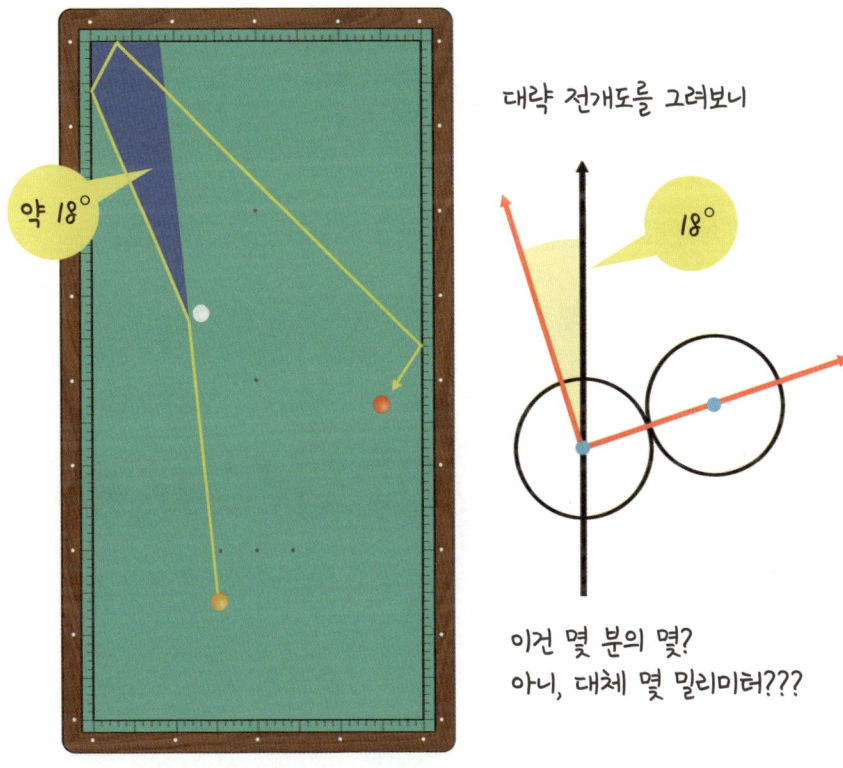

우리는 딱 이쯤에서 멘탈이 붕괴되지.
이 정도 두께라면 제1목적구가 아주 가까이 있다고 해도 자신 없는 완전 궁극의 팬 샷이니 말이다.

그. 런. 데.

18°의 분리각을 만들기 위해 정말 궁극의 팬 샷이 필요한 것일까?

이쯤에서 분리각의 가장 기본이 되는 45°각도를 만드는 1/2두께를 되짚어보자.

분리각 기준표에는 분명히 이렇게 나와 있다.

두께	1/2
큐볼	60°
목적구	30°

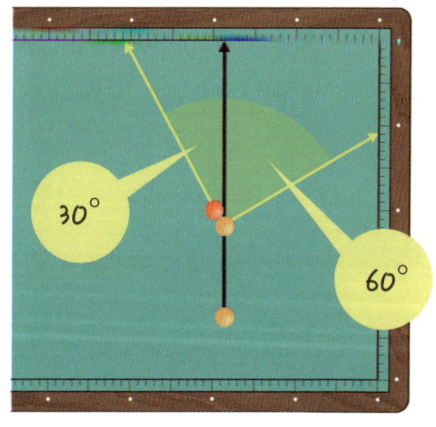

그럼 이렇게 된다는 것인데.

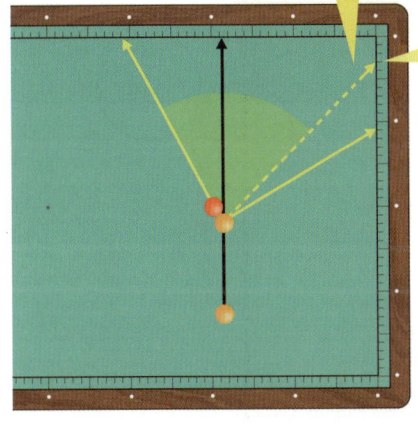

그럼 이제 껏 우리가 알고 있었던 이것은??

45°

그렇다, 당점과 샷의 세기에 따라 분리각이 완전 달라진다는 사실을 깜박했던 것이다.

같은 두께라고 해도 당점에 따라, 샷의 세기에 따라 큐볼의 분리각은 기준표보다 줄어들기도 늘어나기도 한다.

큐선을 이용하여 겨냥할 때 가장 편하게 공략할 수 있는 얇은 두께는 1cm, 즉 1/6두께이다.

두께	1/6
큐볼	60°
목적구	30°

"절대 까먹지 말자!!"

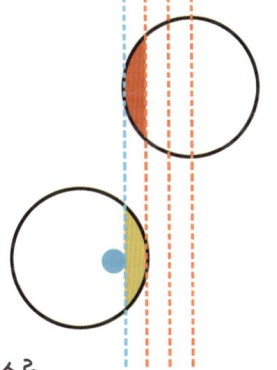

오른쪽 큐선을 이용

분리각 기준표대로 라면 큐볼의 분리각은 30°이지만 큐볼이 진행하는 거리가 길어질수록 구름관성 또한 상대적으로 커지므로 절대 30°분리각이 만들어지지 않는다.
(타격으로 구사하는 샷은 논외)

48. 뒤돌리기와 두께 겨냥방법

1/6두께의 절대 비밀!!

그것은 상단 회전 당점!!

뒤돌리기에서 사용되는 역방향 당점은
불가항력적 두께변화를 발생시킨다.
(겨냥한 두께보다 조금 더 얇게 맞는다.)

스쿼트현상이 발생하며 왼쪽으로
살짝 치우쳐 진행한다.

역회전 상단 당점

하단 당점!!

반대로 역회전 하단 당점으로
출발한 큐볼은 왼쪽으로 살짝 치우쳐
진행하다가 다시 안쪽으로 꺾인다.
(큐볼의 입사각 자체가 바뀐다.)

이를 커브(curve)현상,
또는 스워브(swerve)
현상이라고 한다.

때문에 제1목적구가 멀리 위치할수록
아무리 완벽한 1/6두께를 겨냥했다 하더라도
결코 1cm의 두께로 맞지 않는다는 사실이다.
(이 역시 조금 더 얇게 맞는 효과를 준다.)

역회전 하단 당점!!

48. 뒤돌리기와 두께 겨냥방법

결국 주안시에 따른 원근감, 스쿼트, 스워브 등의 지긋지긋한 물리법칙들이 두께와 분리각 사이에 덕지덕지 달라붙어 있는 것이다.

핏발선 눈으로 두께만 노려본다고 해결될 문제가 전혀 아니라는 것!!

얇은 두께로 공략할 때 가장 좋은 연습방법은 두께를 무조건 큐선을 활용하여 1/6두께로 고정한 상태에서 부드럽게 밀어주는 샷으로 연습해보자.
지금보다 훨씬 자신감이 업될 것이다.

시스템(System)

뒤돌리기 득점라인 찾기!!

아래의 전개도는 뒤돌리기를 공략할 때 큐볼이 제3쿠션 이후 4쿠션으로 진행하는 라인이다. 반드시 외워둬야 할 라인들이다.

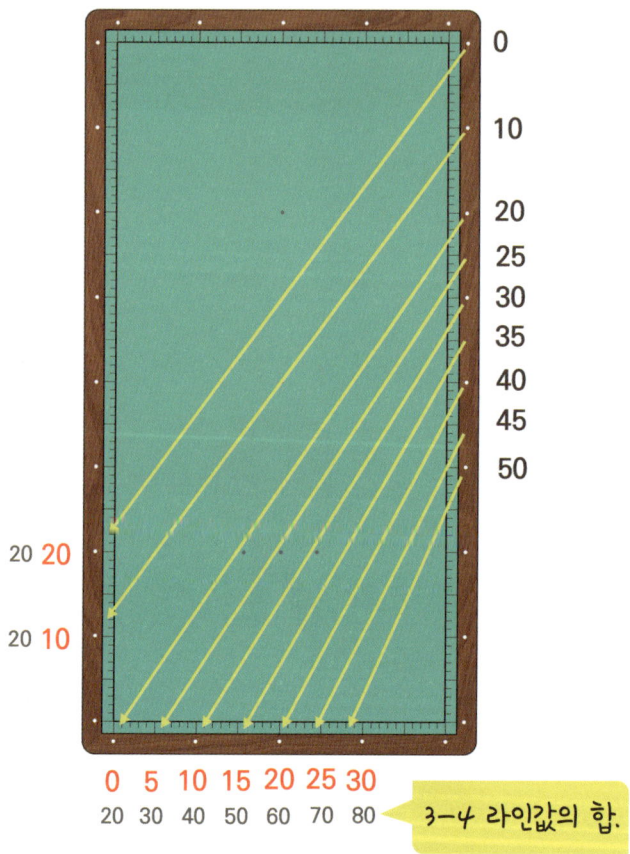

참고: 3-4 라인값의 합으로 외우면 편함.

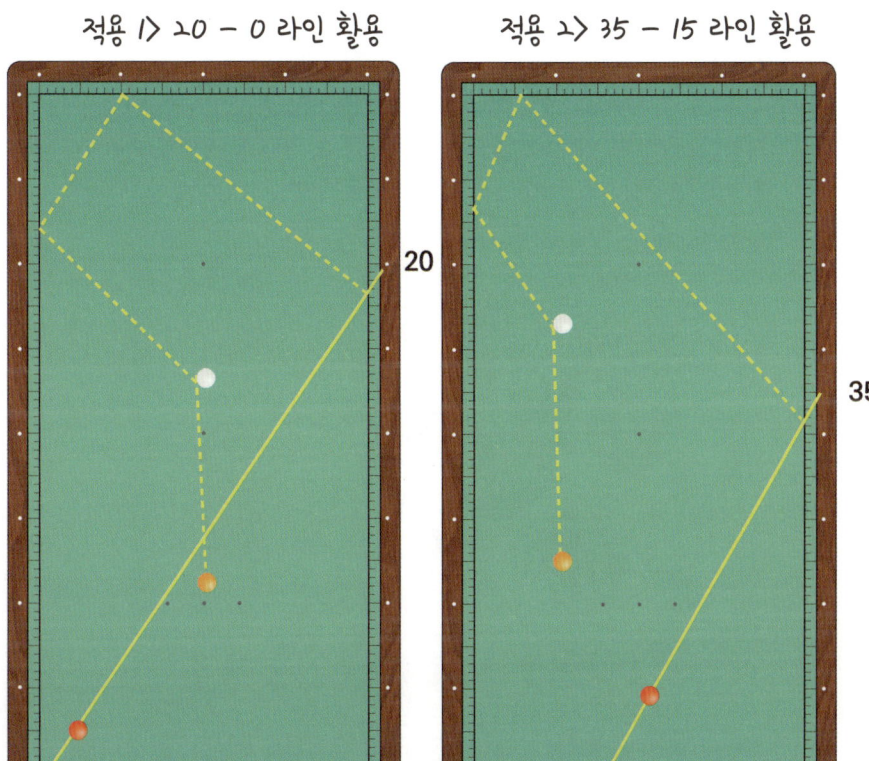

사실 뒤돌리기를 완벽히 구사하려면 3-4쿠션 라인값 찾기만으로는 어림도 없다. 제1쿠션을 어디로 할 것인지, 당점과 두께는 어떻게 설정할 것인지, 심전도를 날뛰게 만드는 그놈의 키스는 또 어떻게 할 것인지 풀어야 할 숙제가 한둘이 아니다.
단 몇 줄의 글과 전개도 몇 개만으로 뒤돌리기를 완벽히 이해할 수 있다면 얼마나 좋을까.
안타깝게도 그런 방법은 아직까지 누구도 찾아내지 못했다. 참 슬픈 일이다.

3쿠션에 살짝 재미를 느낄 때쯤 괴이한 손길 하나가
스멀스멀 뻗쳐온다. "시스템(System)"이라는 달콤 잔혹한 괴물이다.
이 녀석은 마치 어릴 적 TV에서 마주했던 절대악당 아수라 백작 같다.
때로는 달콤함으로, 때로는 잔혹함으로 플레이어의 심장을 도려내지.

시스템을 접해본 초심자들의 하나같은 공통점은 불신이다.
그도 그럴 것이 아무리 시스템을 달달 외워서 시스템대로
보내 봐도 큐볼은 전혀 시스템대로 움직여주지 않기 때문이다.
대표적인 뱅크 샷 시스템인 "파이브 & 하프 시스템
(Five & Half System)"조차 말이지.

파이브 & 하프 시스템
(Five & Half System)

3쿠션 게임에서 가장 많이 사용하는 시스템이며 반드시 익혀야 할 시스템 중 하나이다.

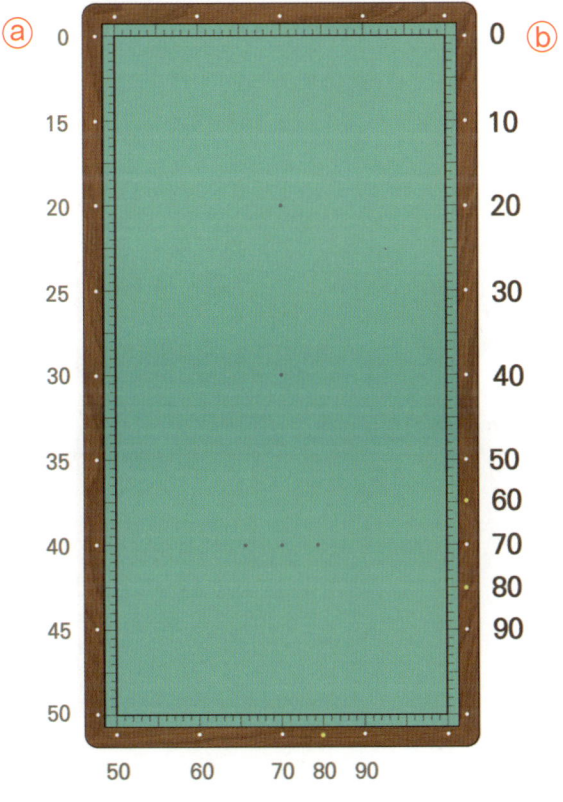

ⓐ 큐볼 위치값   ⓑ 제1쿠션값

(모든 값은 포인트값을 기준으로 한다.)

3-4 쿠션 득점라인값

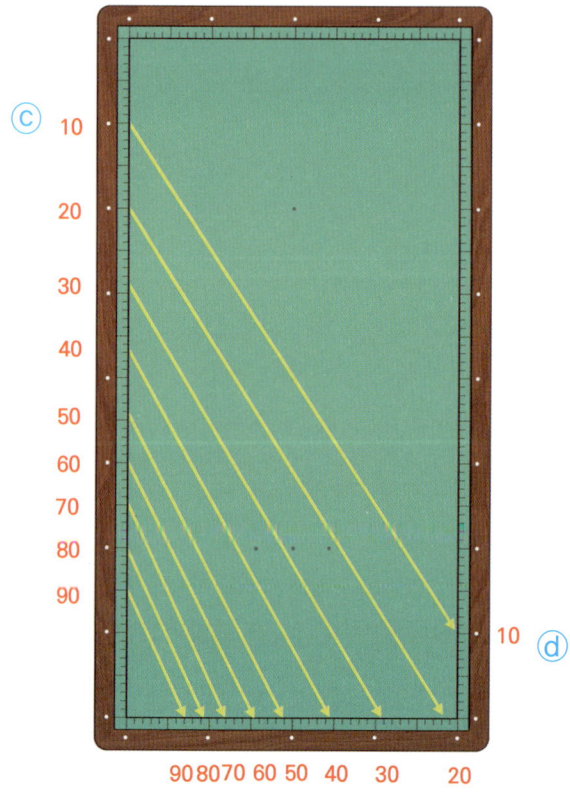

ⓒ, ⓓ 3-4 쿠션 득점라인값

< 시스템 사용 방법 >

큐볼 위치값 − 득점라인값 = 제1쿠션값

50 − 20 = 30

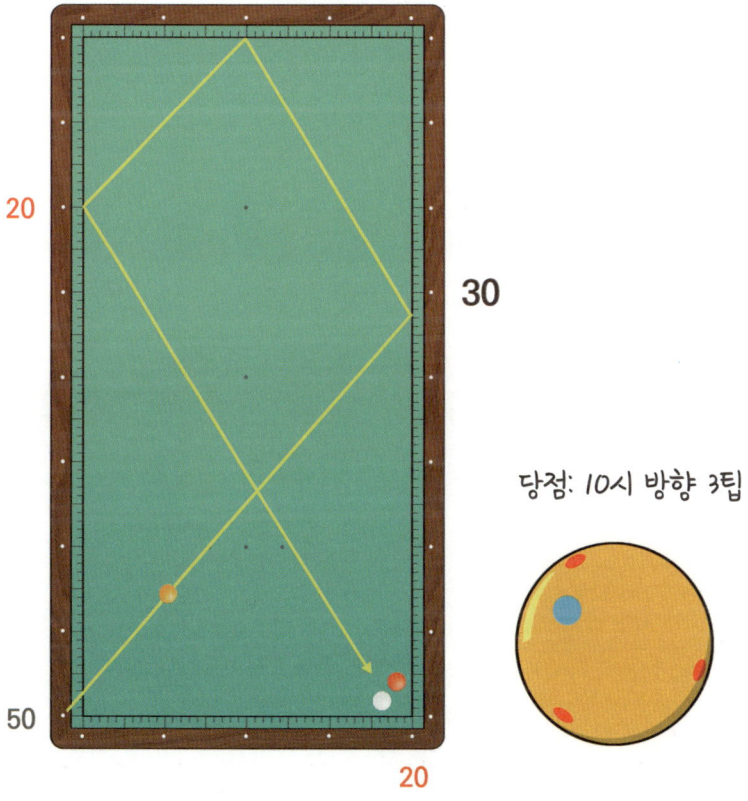

파이브 & 하프 시스템을 이용한 다양한 공략방법

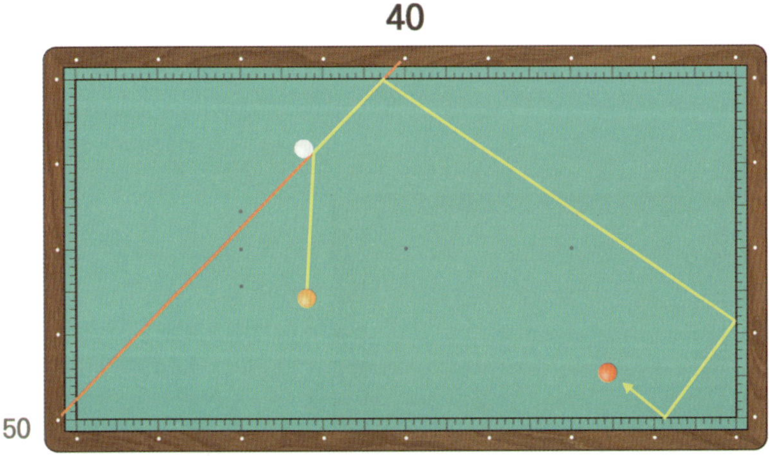

40

50

10

〈 옆돌리기 50-10=40 〉

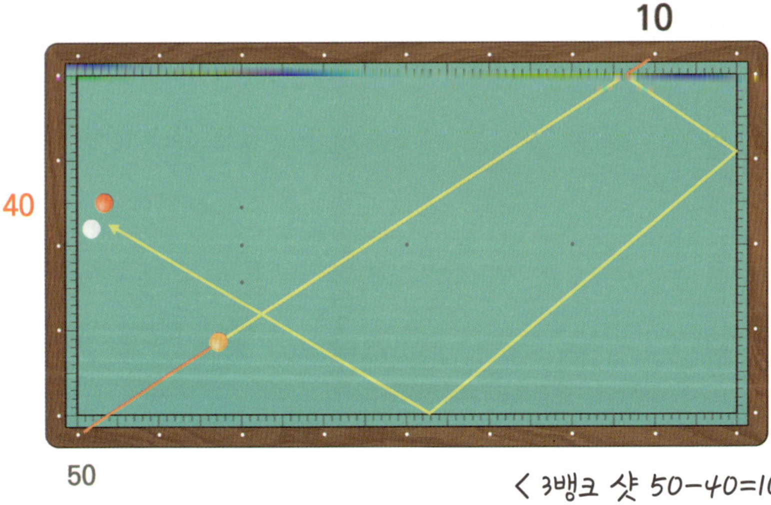

10

40

50

〈 3뱅크 샷 50-40=10 〉

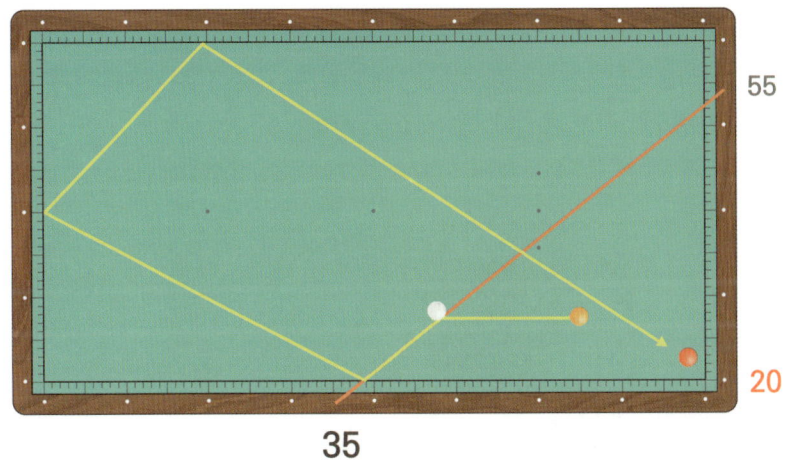

〈 뒤돌리기 55-20=35 〉

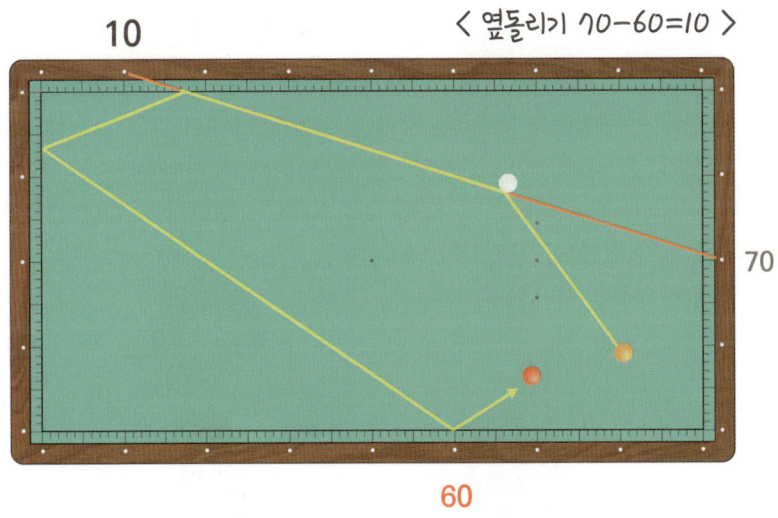

〈 옆돌리기 70-60=10 〉

49. 시스템(System)

초심자는 시스템을 애써 외면한다. 이는 사실 너무도 당연한
결과일 것이다. 왜냐하면 시스템이란 당구 역사가 시작된 이래
당대 최고수에 의해 창시된 무림의 비급서이기 때문이다.
("파이브 앤 하프 시스템(Five & Half System)"은 세계대회를
무려 100회 이상 우승한 살아 있는 전설
"레이몽 쿨루망(Raymond Ceulemans)"이 고안하였다.)

간단하게 설명하자면 절대고수의 궁극의 샷으로
완성된 길이라는 것이지. 당연히 하점자의 샷으로는 아무리
시스템대로 보내더라도 그 시스템 길을 따라 진행하기가 정말 쉽지 않다.
결국 웬만큼 샷이 안정되지 않고서는
실전에 써먹기가 너무나 어렵다는 것인데.

그럼 초심자는 주야장천 감으로만 쳐야 하는 것일까?
그렇지 않다. 시스템은 아주 다양하다.
지금 당장 실전에 써먹을 수 있는 완전 쉬운 시스템들도 아주 많다!!
지금 당신에게 가장 필요한 것은 시스템이라는 녀석과의
교감을 위한 첫걸음 떼기이다. 당장 실전에 써먹을 수 있는
득점률 100%의 완전 쉽고 깔끔한 시스템으로 말이다!!

≪ 수직선상 1/2두께 뒤돌리기 ≫

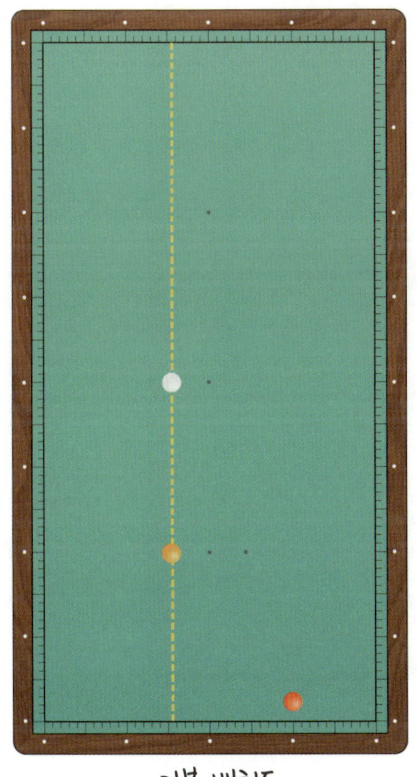

기본 배치도

< 4가지 절대조건 >

1. 제1목적구가 A의 영역에 위치할 때.
2. 큐볼과 제1목적구가 일직선상에 위치할 때.
3. 큐볼과 제1목적구가 약 2~3포인트 간격일 때.
4. 제2목적구가 S의 지점에 위치할 때.

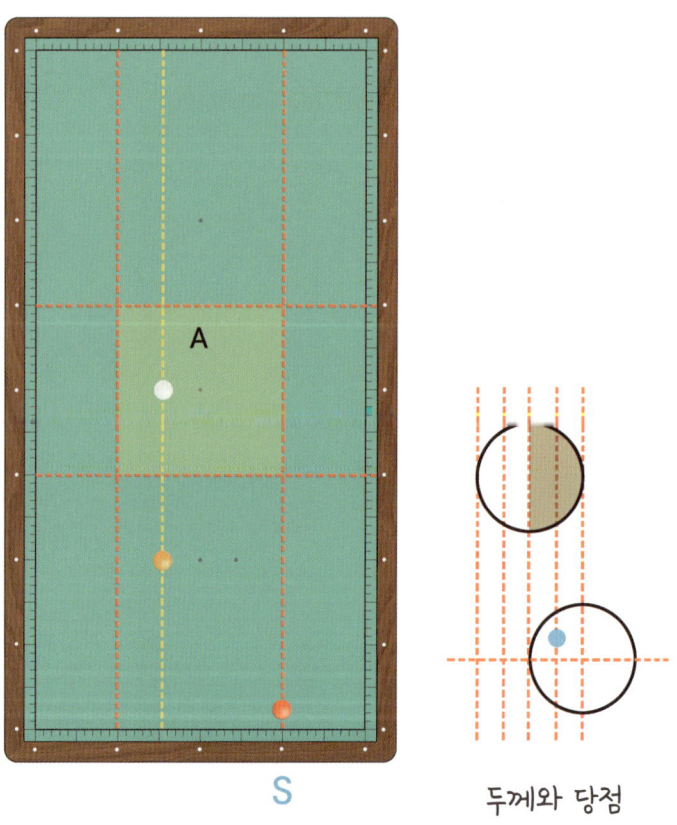

두께와 당점

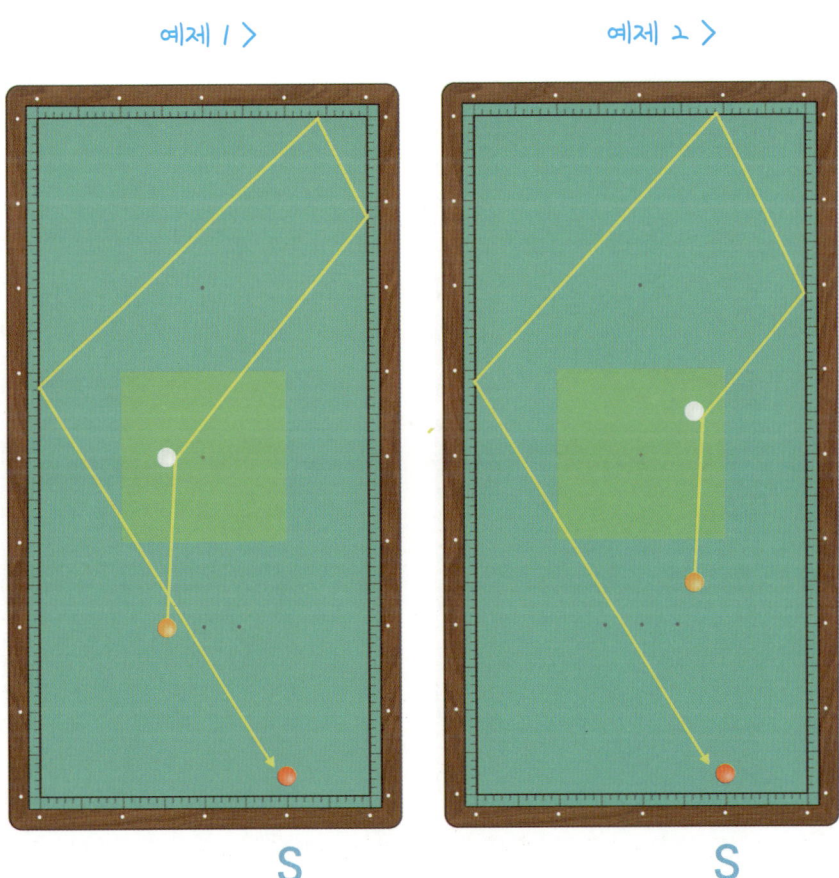

49. 시스템(System) 271

이 시스템은 제1목적구와 큐볼이 일직선상에 위치할 때, 그리고 제2목적구가 S지점에 위치할 때 뒤돌리기 3-4쿠션 득점라인 중 30-10라인으로 큐볼을 보내는 방법이다.

예제 3>

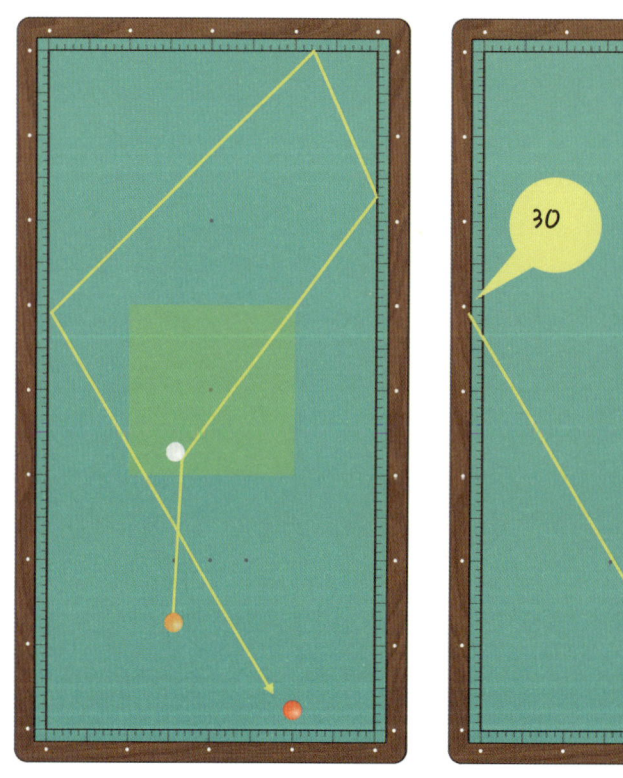
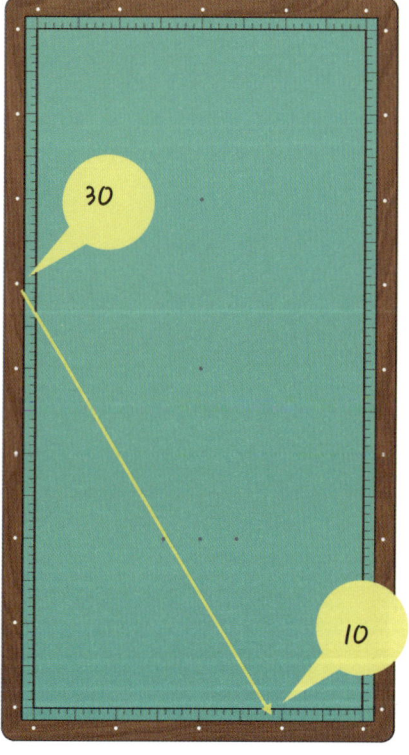

< 변화에 따른 대책 >

위의 예제는 가장 기본적인 두께와 당점에 따른 큐볼의 진로만 그려져 있다. 막상 구사해보면 처참하게 키스가 난다거나 득점진로가 짧아지기도 길어지기도 한다.
이는 가장 중요한 어떤 한 가지 요소가 빠져 있기 때문이다.
바로 A의 영역에서 제1목적구의 위치변화이다.

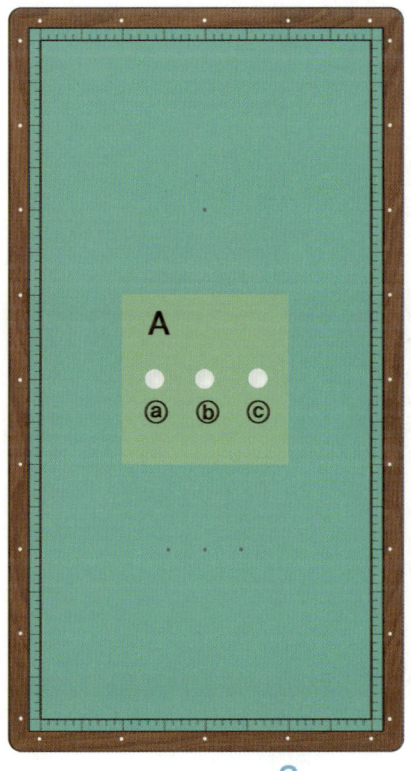

a의 영역을 ⓐ, ⓑ, ⓒ, 3 구역으로 나누었을 때 시스템에서 제시된 1/2두께와 10시 방향 당점으로 가장 이상적인 득점 라인을 그리는 것은 제1목적구가 ⓑ구역에 위치할 때이다.

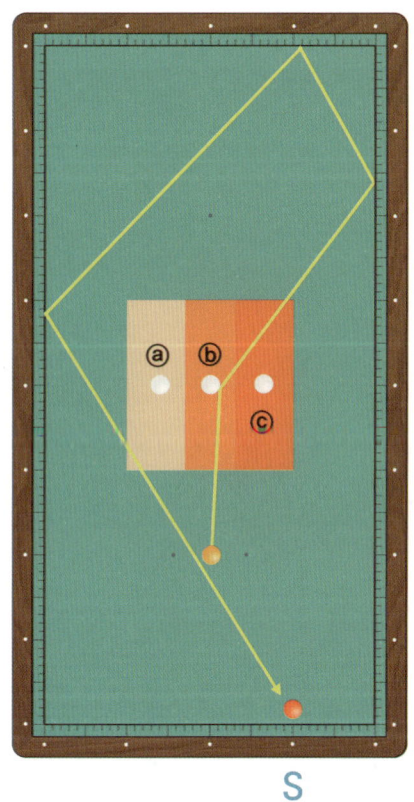

각각의 제1쿠션 도착지점을 보자.
ⓐ는 약 1ス(쿠션날 기준)로 좀 더 위쪽이 되고,
ⓒ는 약 2.0°로 아래쪽이다.
ⓐ~ⓒ까지는 무려 10포인트 가량 차이가 난다.
그럼에도 큐볼이 향하는 제3쿠션 지점은
거의 동일하다. 어찌된 것일까? 플레이어의 뛰어난 응용력 때문이다.

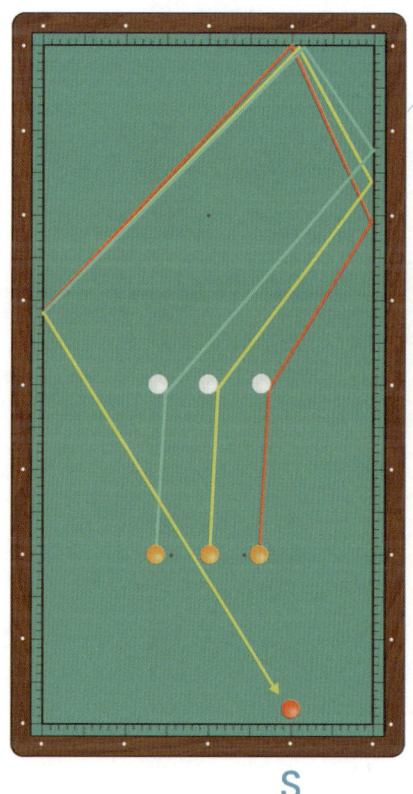

S

ⓐ의 경우 두께는 1/2두께 그대로 두고 당점을 하단 성향의 당점으로
내려주어야 한다. 제1쿠션으로 향하는 큐볼의 진행거리가 길어
자칫 구름관성에 의해 제1쿠션이 깊어질 수 있으므로
미세한 끌림현상을 만들어 구름관성을 억제시켜주기 위함이다.

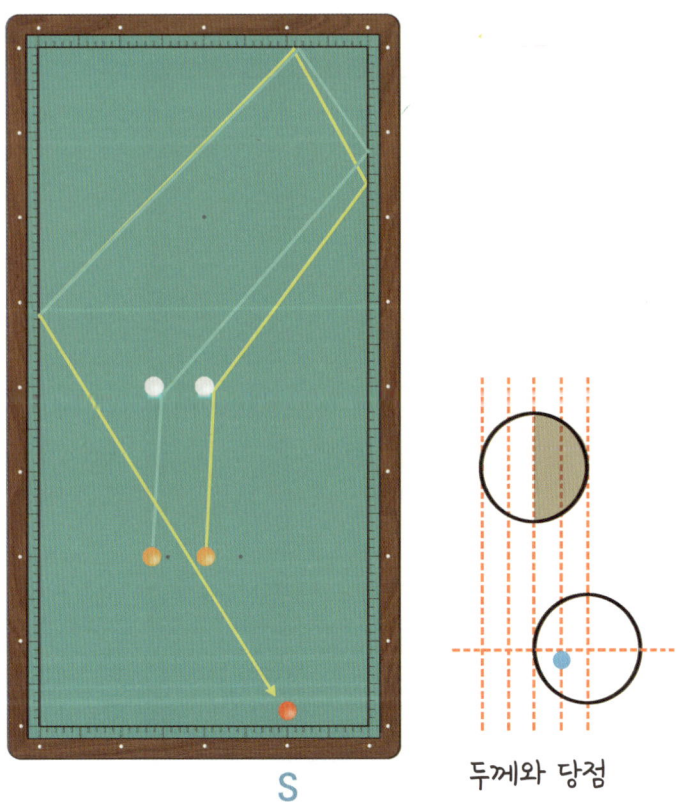

두께와 당점

반대로 ⓒ의 경우 제1쿠션과 거리가 짧기 때문에 쿠션의 반발력으로
반사각이 좁아지는 것에 주의해야 한다. 당점은 그대로 두고 두께를
1/2에서 1/3로 조금 가볍게 하여 부드럽게 밀어치는 것이 유리하다.
시스템을 제대로 활용하기 위해서는 이처럼 제1목적구의 변화에 따른
대응방법까지도 꼼꼼히 숙지해 두어야만 하는 것이다.
물론 플레이어의 샷 특성에 따라 그 진로 역시 달라지겠지만
최대한 위의 진로대로 큐볼이 움직일 수 있도록 연습해보자.
시스템을 이해하는 첫걸음으로 충분할 것이다.

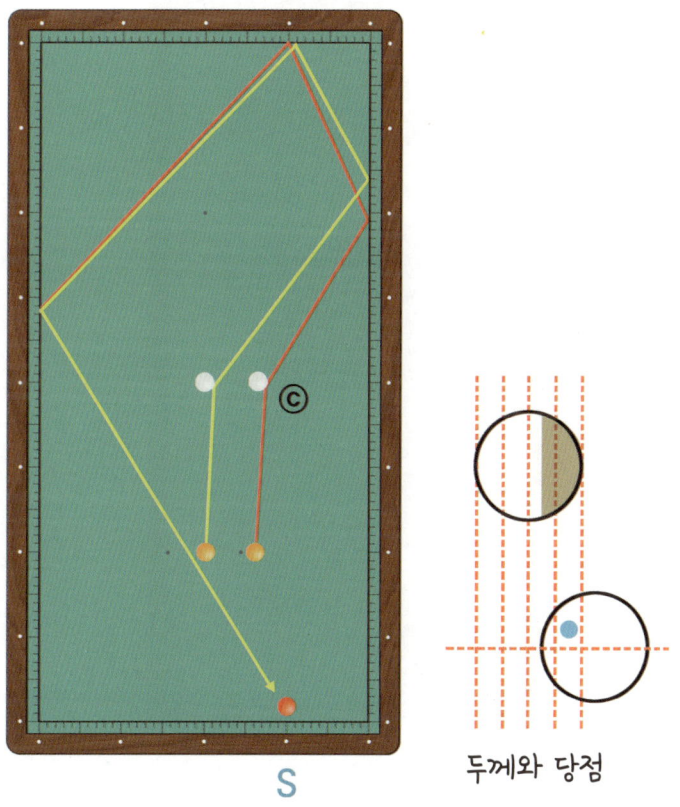

두께와 당점

≪ 짧은 각 1/2두께 뒤돌리기 ≫

아래의 배치도 역시 실전에서 자주 등장하는 모양이다.
1/2두께로 고정하여 당점의 변화만으로 공략하는 방법이다.

기본 배치도

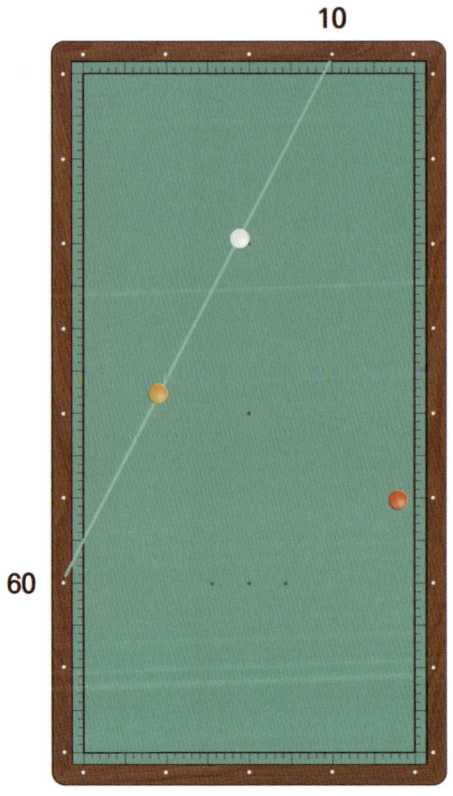

제2목적구가 30에 위치할 때

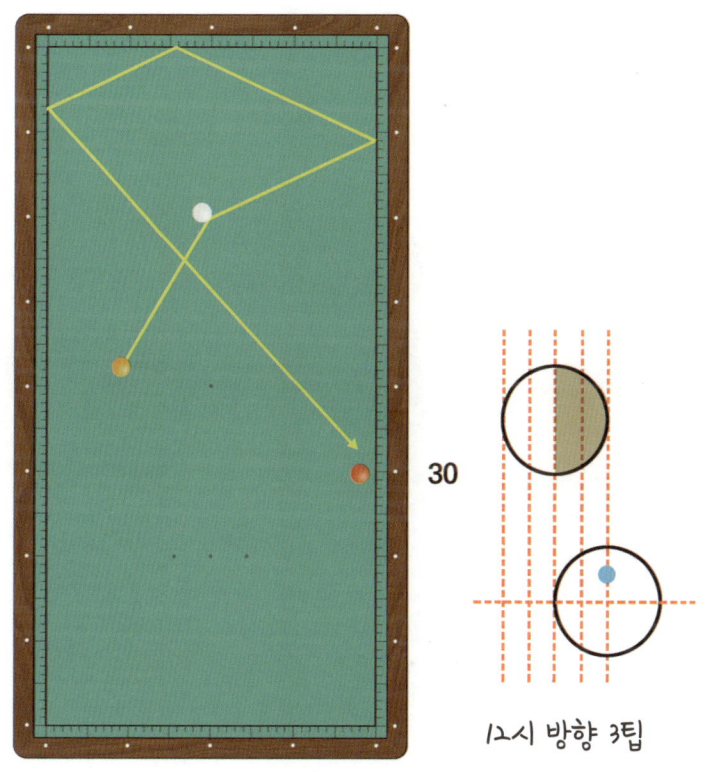

12시 방향 3팁

제2목적구가 20에 위치할 때

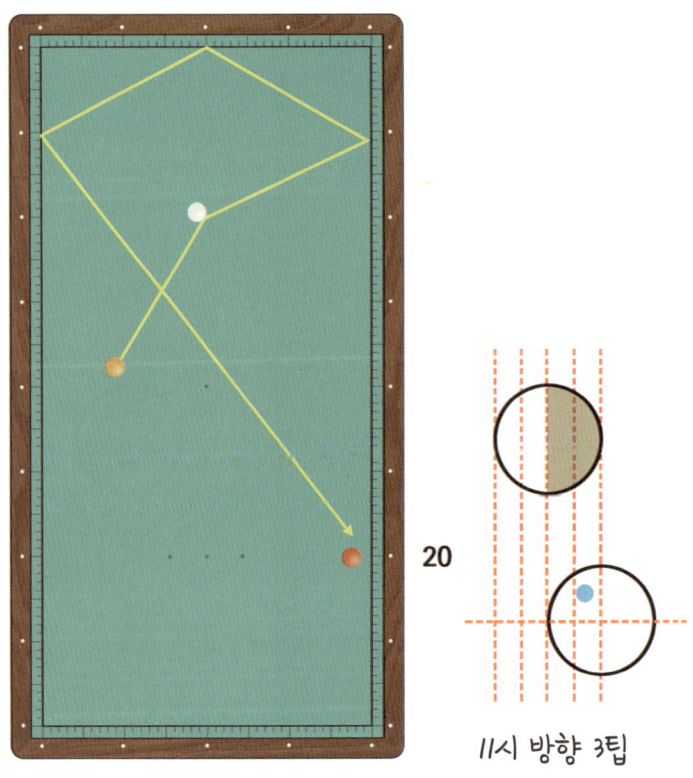

20

11시 방향 3팁

제2목적구가 10에 위치할 때

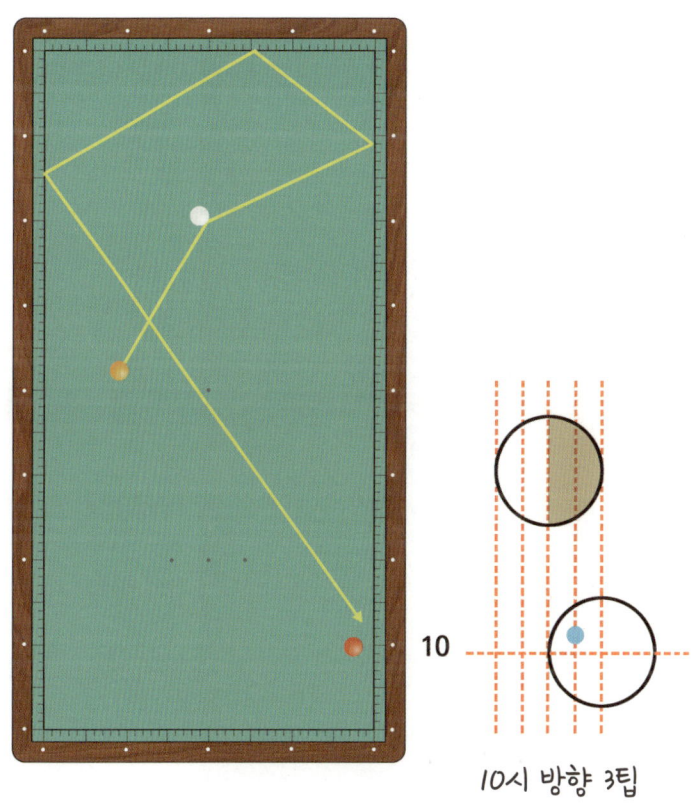

10시 방향 3팁

당점에 따라 달라지는 큐볼의
진로를 꼼꼼히 살피자.
두고두고 떡이 나올 것이다.

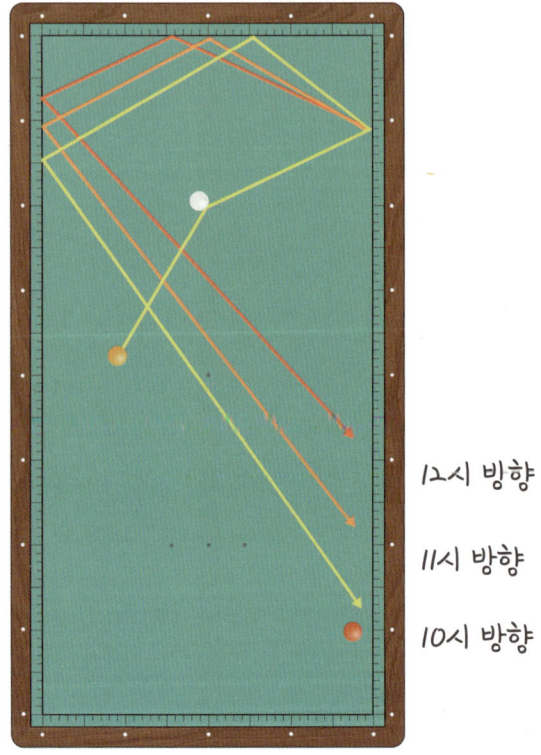

마침내 당신은 뒤돌리기 완전공략편을 모두 마스터했다.
물론 이 책 한 권으로 뒤돌리기를 완벽하게 마스터하기란 쉽지 않겠지만
분명한 것은 지금까지 감각만으로 구사할 때와는
확실하게 달라질 것이라는 것이다.
어쩌면 시스템이라는 당구의 새로운 매력도 발견했을지 모르겠다.
단언컨대 당구 실력은 연습량이 말해준다.
책장 속 당구서적을 아무리 달달 외워도 연습 없이는
말짱 도루묵이라는 사실!! 잊지 말자!!!

계속해서 이어지는 "아라의 당구홀릭" 5편 옆돌리기 완전공략편도
많이 기대해주세요!!!

To. 우라

dong koong

2013.9.5 강동경

To. 우라

2013.9.

2013. 9. 5

To. 아라

To. 아라

2013. 9. 8
조재호

2013. 9. 5
from. 허정한

To. 아라님.

좋은책 잘 읽었습니다.
2013. 9. 5.

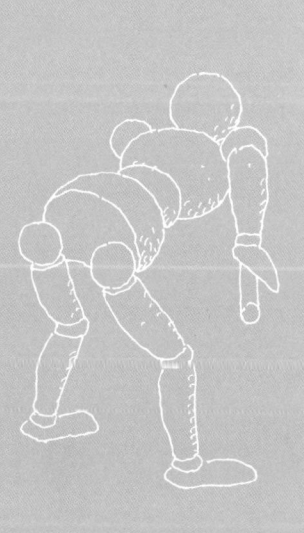